中国历代谋臣系列

魏徵

千古第一谏臣

刘叶青　著

辽宁人民出版社

© 刘叶青　2023

图书在版编目（CIP）数据

魏徵：千古第一谏臣 / 刘叶青著 . — 沈阳：辽宁人民出版社，2023.1
（中国历代谋臣系列）
ISBN 978-7-205-10501-3

Ⅰ . ①魏… Ⅱ . ①刘… Ⅲ . ①魏征（580-643）—传记 Ⅳ . ① K827=421

中国版本图书馆 CIP 数据核字（2022）第 140068 号

出版发行：辽宁人民出版社
地址：沈阳市和平区十一纬路 25 号　邮编：110003
电话：024-23284191（发行部）　024-23284304（办公室）
http：//www.lnpph.com.cn
印　　刷：北京长宁印刷有限公司天津分公司
幅面尺寸：145mm×210mm
印　　张：7.25
字　　数：126 千字
出版时间：2023 年 1 月第 1 版
印刷时间：2023 年 1 月第 1 次印刷
责任编辑：贾　勇　赵维宁
封面设计：乐　翁
版式设计：一诺设计
责任校对：冯　莹
书　　号：ISBN 978-7-205-10501-3

定　　价：39.80 元

序　言

魏徵（580—643），字玄成，钜鹿曲城（今河北晋州）人，唐朝政治家、思想家、文学家和史学家。他一生经历许多艰险曲折的政治风波，敢于直言相谏，受到了唐太宗李世民的高度信任和重用，对“贞观之治”起到了很大的作用，被后人称为“一代名相”，李世民则誉他为历史的一面“镜子”。

作为一位业绩辉煌的政治家，魏徵首先以直言敢谏的诤臣典范闻名于世，他提出“兼听则明，偏信则暗”的至理名言，辅佐唐太宗制定了广开言路的原则和措施以及具体制度。魏徵身体力行，为诤臣张目，大兴诤谏之风，成为唐初诤谏之风的开创者。魏徵从政二十五年间，先后诤谏数百次，谏文达数十万言，并且皆能切中要害，及时匡正君主之过和朝政之失。这些谏言充分展现了他政治家的品格和风范，也体现了他对基本国策的确立与实施所发挥的决定性作用。唐太宗把“贞观之治”的辉煌政绩归结为“此皆魏徵之力”，充分肯定了魏徵对“贞观之治”的不朽功勋。

作为一位广有建树的思想家，魏徵在治国安邦的实践中所提出的政治理想、法学思想、史学思想等，均颇具独创性、开拓性和启迪性，而且有着与其刚正不阿的个人品格和高尚官德相一致的独特风格。民本思想是魏徵政治思想的核心。他曾引用《尚书》中的话“民惟邦本，本固邦宁”，向唐太宗说明人民是国家的根本，根本巩固，国家才能安宁的道理，并说：“怨不在大，可畏惟人。载舟覆舟，所宜深慎。”魏徵提出了一系列政策方略，为唐太宗谋求“载舟”之功，防止“覆舟”之患。

作为一位值得称道的文学家，魏徵在文学艺术领域涉猎广泛，在诗歌、文论、书注、歌舞等方面均有许多建树，并有不少传世佳作，为今人所器重。其文艺理论，更是独树一帜，对于开创一代新诗风、新文风，推进唐代文化艺术的空前繁荣，做出了开拓性的贡献。初唐时代，当政的文臣深受齐梁影响，崇尚淫靡浮艳的宫体诗、富丽呆板的宫廷诗。魏徵对诗的功能有其独特的见解，他阐明了诗的两种功能：“导达心灵，歌咏情志”；“咏美讥恶”“以存劝戒”。魏徵的《抒怀》《暮秋言怀》《赋西汉》等诗歌佳作，诗笔简劲，尽扫浮华，贯注着作者的慷慨之气和奋发精神。魏徵还提出了为文“要为济世安邦而作”，反对“贵华而贱实”的靡丽文风。魏徵的创作“凌云健笔任纵横”，写出了诸多雄深雅健、别具风采的奏疏、书序、史论、碑铭、书信等文章，其中一些名篇，如《谏太宗十思疏》《十惭不克终疏》等，成为脍炙人口的传世佳作。

作为一位深博通达的史学家，魏徵基础雄厚，造诣宏深。他一生著述颇丰，据唐史记载，他撰述著作 10 部 83 卷，主编著作 8 部 1597 卷，其中许多是有价值的经、史著述。他奉旨监修五代史并主编《隋书》，开宰相监修国史之先河。魏徵奉敕主编了旨在为帝王提供龟鉴的《群书治要》，该书成于贞观五年（631）九月，共 50 卷。该书从前代大量经典中，搜集了许多有关治国安邦的道理、经验和足以引为鉴戒的历史教训，以及历代所谓“明君”“暗主”的言行事迹，希望唐太宗从中汲取教益。魏徵在《群书治要》序言中讲到该书的价值：“用之当今，足以殷鉴前古。传之来叶，可以贻厥孙谋。”

此外，魏徵还精通书法、医道、农技、园艺、酿造等诸般技艺，是一位为民谋福的杂学家，这在历代宰辅之中也是罕见的，因而尤其值得称道。

魏徵在政治、思想、文学、史学等诸多领域的建树，惠泽唐代，光耀后世，是中华民族引以为豪的极为珍贵的精神财富。他的辉煌业绩、高尚人格和博大精深的思想体系，至今仍给人们的事业以无穷的教益和不尽的启迪。

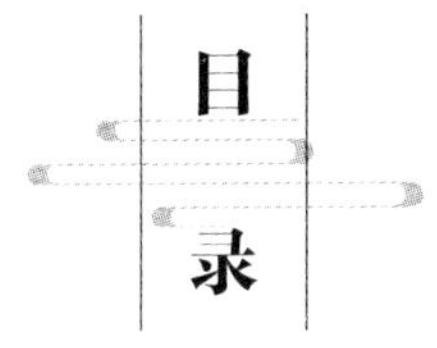
目
录

第三章　投笔从戎

第四章　多次易主

第五章　宫廷之争

第一章
少有大志

一、书香世家

北周大象二年（580）夏季的一天，在内黄的一座小院里，魏长贤倒背着手，不停地来回踱步，他在焦急地等待着自己的第一个孩子魏徵的出世。

魏徵的父亲魏长贤祖籍钜鹿下曲阳（今河北晋州），是西汉初年名将高良侯魏无知的后代。魏徵的曾祖魏钊，本名显义，字弘理，在北魏时任司空、尚书左仆射之职，博涉群书，才兼文武。当时南北分裂，双方在“梁、楚、淮、泗”之间（今山东、江苏、河南、安徽交界地区）对峙，魏钊在这一带享有盛名。太和二十二年（498），孝文皇帝南征萧齐，专门召见他，征询意见，令其侍从左右。魏军进到淮南，征战多时仍有好些城池久攻不下，他便自告奋勇，孤身一人夜入义阳（今河南信阳），说降了守将，接着附近其他城池也相继请降。孝文皇帝很高兴，立即任命魏钊为义阳太守。又让魏钊与其他将领一起领兵征讨，魏钊所向披靡，军中都很佩服他的勇气和胆量。孝文皇帝更加喜悦，特晋升其为建忠将军，又追赠魏处（魏徵高祖）为顺州（今河南南阳）刺史。那时孝文皇帝在积极筹划大举进攻萧齐，正要重用魏钊，不幸魏钊因劳成疾，突然中风，医治无效去世，终年 64 岁。

魏徵的祖父魏彦，字惠卿，也学识渊博，长于写作。当时皇亲贵戚赵郡王元干、广陵王元羽、陈留公李崇、中山王元英都先后征召他为参军、记室或记室参军。对自恃亲贵、刚愎自用、贪财好色、不遵法度的元干和元羽，他一口回绝，而对才兼将相、忠心为国的李崇和元英的邀请，则欣然接受，但为期都不久，一待军事行动结束，便自行告退。“太上有立德，其次有立功，其次有立言”，他的理想在立言，他要求充任著作郎。他的族侄魏收颇有才华，撰写《魏书》。当时《晋书》作者多家，然都体例不纯，他想纠正他们的错误，删掉那些华而不实之辞，完成一部有独创性、自成体系的典范史著。时彭城王元勰以司徒、录尚书事、侍中总揽朝政，听陈留公李崇赞扬魏彦，又邀请做掾属，并兼主客郎中，掌尚书省的有关事宜，其写作计划因而中断。不久，彭城王不幸遇害，魏彦便回到家乡。后清河王元怿以尚书左仆射主政，又任命他为谘议参军。时元怿地位高、名声大，然为权幸司空高肇（宣武帝元恪的舅父）憎恨，鉴于彭城王的忠而被戮，因谗丧身，魏彦担心跟着清河王遭祸，便以患病为由婉言谢绝了。孝明皇帝元诩即位，任命魏彦为骠骑长史，即骠骑将军高级属官，领诸曹事，权位颇重。不久，魏彦调任光州（今河南光山）刺史，卒于任上，享年68岁。

北魏水熙三年（534），北魏善于弄权的高欢盘踞洛阳，结党营私，打击异己，立清河王世子元善见为帝，是为孝静帝。改元天平，迁都于邺（今河北磁县），史称东魏。至此，北魏灭亡。当年，魏徵的父亲魏长贤也迁居邺都。他以书香门第、博涉经史、词藻清华的名气被推荐为秀才。后来北齐政权建立了，依然建都邺城。魏长贤被北齐平阳王高淹召为法曹参军，后转著作佐郎。魏长贤任著作佐郎时，曾想撰写《晋书》以完成父亲的遗志。在这个时期，魏长贤踌躇满志，向齐世祖武成皇帝高湛上书发难，对当朝权贵们贪污腐败、以权谋私的种种违法犯罪行为进行揭露和抨击。那些贪官污吏一片哗然，大为不满，于是联手反扑。所幸皇帝高湛刚刚即位不久，为了收买人心，又慑于政治舆论影响，便将魏长贤一脚踢出京城，安排到上党郡屯留县（今山西长治）当了七品县令。这次官场斗争虽然就此画了句号，魏长贤也忍气吞声地认了。然而，他的不少亲戚朋友认为他这样做是不识时务，纷纷写信规劝他，但他矢志不移，处之怡然，始终坚持贪官得反，有罪必究，邪不压正，善恶有报。北齐武平年间，魏长贤托病辞官，不再出仕。后朝廷多次请他“出山”，他都以患疾而谢绝。魏长贤受宠不惊，遇挫不失其志。这种宠辱不惊的品格，被后人广为传颂。

魏钊、魏彦、魏长贤，三代人均博学多才，识鉴高明，有胆有略，忠心奉国，不附权贵，形成了魏氏特有的家风。魏彦欲作《晋书》，“以古为镜，以知兴替”，警示后人创业守成，未果；魏长贤继承乃父遗志，虽思仍未成。当魏彦、魏长贤带着太多的思索和遗憾离开这个嘈杂的世界时，他们没有抒发出去的智慧的灵光、人生的精华都汇聚在了他们的子孙身上，北周大象二年（580），厚积薄发的魏徵来了。

二、年少聪慧

魏徵的童年时期，可以说是在兵荒马乱之中度过的。隋文帝杨坚以隋代周以后，紧接着开始了全中国大一统的活动。早在南北朝末年，北方强大、南方弱小的形势已成定局。建德六年（577），北周出兵灭齐，一举统一了长江以北各地。当周武帝伐齐之时，陈朝大将吴明彻进兵夺取北齐的淮南。周灭北齐以后，立即伐陈，收复了淮南一带地区。这样一来，当时北周的疆土仅据长江以北的广大地区，而且包括了长江上游、中游各地。在北周末年，周武帝已经奠定了统一全国的基础。正因为这样，周武帝在世时，曾准备“平突厥定江南”。可惜周武帝不久病死，完成全国统一的任务便历史性地落在了隋文帝的身上。

隋开皇九年（589）大年初一，隋朝数路大军一举突破江防，横渡陈朝赖以为天堑的长江，在陈都城建康会师，韩擒虎、贺若弼相继挥师入城，陈兵望风而降。陈后主从景阳宫中逃出，躲在一口枯井里，被隋军搜出。至此陈朝灭亡，从而结束了数百年长期分裂的局面，中国复归统一。这一年魏徵尚不满十岁，还在内黄县一个破落的书香门第中读书识字，他也许并不知道，这个充满杀伐的世界，正在等着他一显身手。

魏徵生于北周，长于隋朝，正逢门阀制度的转型时期，虽然高门望族不像东晋和宋齐梁陈时期那么兴旺发达，但“百足之虫，死而不僵”。在隋代，甚至唐朝的相当一段时间里，门阀制度的余风仍严重地左右着人才的选拔任用，大大地影响着社会生活尤其是每个人的政治前途和命运。魏徵父亲魏长贤，终生只当过著作佐郎和屯留县令，而且结局是“辞疾去职，终于齐代，不复出仕”。再从魏氏的郡望在钜鹿曲阳，而魏长贤已迁徙至魏郡的内黄这一事实上看，魏徵一家已中道衰落了。

魏徵生当乱世，父亲魏长贤决心观望，“非独君择臣也，臣亦择君矣”。他为儿子设计了两套方案，治世辅贤君，奉天顺德，治国安民；乱世佐明主，纵横捭阖，清扫六合。在父亲的精心培育下，魏徵从记事之日起就立下雄心壮志，将来一定要做一番事业，光宗耀祖，扬名显亲。此时，魏徵家境逐渐艰难，但父亲全不放在心上，粗茶淡饭，怡然自得，潜心苦读，乐在其中。

魏徵小小年纪，已能诗善文，字也写得出色，而且性格刚直，又乐于助人，因而在四乡五里很有点儿名气，被人们誉为“小诸葛”。他的故里至今还流传着他少年时代的佳话。

据说有一年清明节，魏徵的母亲让他上祖坟烧纸，魏徵骑马出村，时逢县官的轿子迎面而来。直到轿前，他才把马勒住。县官掀开轿帘一看，见是个小孩儿端坐马背，不卑不亢，甚觉奇怪，就命左右停下轿子，朝魏徵问道："小小顽童，为何冲撞我的轿子？"魏徵随口答道："良骥奔万里，正展望前程，一时难收啊！"县官感到这个小孩儿出语不凡，有意试试他的才能，便说："你闯了我的轿子，就该受罚。不过，念你是个读书郎，现在我出一联，你若能对得上，重重有赏；若是对不上嘛，可要加倍惩罚！"魏徵跳下马来，一拱手说："请大人出题。"县官见魏徵身穿一领蓝色小袍，就出了上联："蓝衣骑马过桥。"魏徵接口答道："帝子斩蛇当道。"县官见魏徵才思敏捷，对答如流，连连夸奖说："答得好，答得好！"接着问左右："他是谁家的孩子？"有人告知："他是原上党屯留县令魏长贤之子，有名的神童、'小诸葛'魏徵。"县官便叫随从取出十两银子，赏给小魏徵。

后来，这个县官辞官回乡，当了教书先生，正好在魏徵念书的那个学馆取得了教席。有缘者不期而遇，师生二人自然格外欣喜。有一天，先生外出办事，魏徵便和小同窗们玩起捉迷藏的游戏，一不小心打碎了先生放在书案上的水晶石眼镜。"这可怎么办呢？"小伙伴们不约而同地把目光转向魏徵。只见他闪动着明澈的大眼睛，望了望年久失修的屋顶和斑驳的墙壁，便不紧不慢地叫几个大同学搭起人梯，从正对书案的屋檐间抠下一块朽砖头，随手摔在书案之上，然后又叫大家从地上捡起碎镜片，连同镜架一起放在碎砖之间。布置就绪之后，就让大家回到各自的座位上，大声地读起书来。

先生一回来，听到琅琅的读书声，心里很高兴。等他一进门，魏徵便站起来，“汇报”说：“先生，您的眼镜被砸坏了。”先生看看现场，不由得不信。于是，“小诸葛”在同窗们心目中的地位就更高了。事后，有个同窗不慎泄露了“机密”。先生知道了实情以后，十分欣赏魏徵的应变能力，因此对他更加器重了。

相传在魏徵少年时代，鼓城县城里出了个外号叫“万人恨”的恶霸。他凭着家大业大，财大气粗，整天欺男霸女，找茬打架。在一场恶斗中，他被一条好汉用鹰爪功抠瞎了双眼，这个“万人恨”从此特别忌讳“瞎”字，要是在他眼前露出一个“瞎”字来，重的要了你的命，轻的也得打断你的腿。人们谁也不敢在他跟前说“瞎”字，就连跟“瞎”差不多意思的字眼都不敢沾嘴边。

有这么一天，从外乡来了一个卖瓷碗的，推着一车子茶碗，在城里大街上吆喝着卖。“万人恨”闲坐在家里没事儿干，听见门口有人吆喝着卖碗，就想占点儿便宜。他带着众家丁前呼后拥地走了出来，问道："哎，卖碗的，你小子这碗的样式好不？"

卖碗的一看"万人恨"的模样，心里明白这是一个惹不起的瞎子，就十分热情地对他说："先生，我这车碗，是上等货，又光滑又结实，一敲挂水音儿，不信，你老人家用手摸摸！"

"万人恨"一听这话急了："哼，你敢说让我用手摸摸，来人啊，给我把他的碗砸了！"群家丁蜂拥而上，"丁零当啷"，就把一车茶碗全给砸了个粉碎。卖碗的蹲在地上大哭了起来。他家中有八旬老娘，重病在床，没钱看病，指望着这卖碗的钱去救命。

正巧，九岁的小魏徵路过这里。他听完卖碗人的哭诉，非常生气，说要想个办法，让"万人恨"照价赔碗钱。他对卖碗人低声说："你的碗卖多少钱一个？"卖碗的回答："一钱纹银。"魏徵又问："这一车共有多少碗？"卖碗的回答："一百个。"魏徵又同卖碗人耳语了一阵，就接过来他从腰间解下的褡包，系在自己腰间，将蓝布小袍下摆往褡包上一系，俨然一个卖碗的小搭档。他叫卖碗人推上那一车被砸碎的瓷茶碗，来到了"万人恨"家的后花园门前，大声地吆喝起来："卖碗哟，卖碗哟……""万人恨"听见又来了一个卖碗的，忙带着众家丁出了后门来看究竟，他趾高气扬地问："卖碗的，你的碗吗样啊！"魏徵一听，赶紧答话儿说："碗，是上等好瓷碗，图案精美，光亮结实，保你老人家看了就满意！""万人恨"刚要走上前去，装模作样地"看"碗，一个家人忙凑到主人耳边低声说："老爷，这不是碗，是……"魏徵没等家人把话说完，就截住他的话茬，大声说："你小子怎么睁着眼睛胡说，戏弄主人呀！你让老爷亲自看看，这不是碗，还是锅吗？""万人恨"手扶着小车儿头，装模作样地低着头"看"了一遍，扭过头来，冲着那个家人吼道："这不是碗，是吗？你净睁俩眼胡说！"那个家人自讨没趣儿，捂着脸站在一旁，不敢再多嘴了。"万人恨"转过身来问魏徵："你这一车碗，要多少钱？"魏徵装着很大方的样子说："这一车碗，别人要，得纹银二十两，要是老爷你要，减去一半，纹银十两，收个本钱就行！""万人恨"听魏徵说的话顺耳，心里高兴，就让家丁取出十两银子，交给了魏徵，把一小车碎碗片子推进了院子里。魏徵把十两纹银交给了卖碗人，卖碗人流着泪向他拜谢。

这些故事，在魏徵故里辗转传颂，未免带有一些传奇色彩。然而，从这些经久不衰的美谈中，却可见少年魏徵的才智与性格之端倪。

三、苦读经书

魏徵受家风的熏陶，从小就熟知先祖的事迹，立志成就一番事业。但不幸的是，魏徵的父亲去世较早，魏徵从小就孤贫落魄，加之用心攻读，不善于经营家中的产业，家道很快就衰落了。

面对家道的衰落，魏徵感到无能为力，不得不过着清贫的生活。但他性格坚强，胸怀大志，家道的衰落并没有使他意志消沉，甘心于陇亩生涯，醉心于生财之道。相反，他并不关心家庭生计、经营财产，而是闭门读书，终日手不释卷。他以奋发向上的激情和渴求知识的强烈愿望，博览了大量文史书籍，特别留心于历代王朝兴衰得失之道，从中汲取了很多有用的知识，而且能够融会贯通，从中汲取有益的养分，逐步形成自己的见解。后来他辅佐唐太宗开创“贞观之治”时所阐发的极富特色的施政方针、理论思想和治国措施，有许多是在这一时期发端的，他卓越的史才和文才，也是在这一时期孕育的。同时，魏徵开始接触社会下层人民，细致地观察黑暗的社会现实，体会到了世态炎凉。

这些都为他以后从政、编史奠定了良好的基础。

此外，魏徵还广泛涉猎医药、天文、地理以及农艺、园艺等经世致用之学。有关他深通医道的传闻很多，评书《隋唐演义》中就有关于他为秦琼、裴仁基等人治好疑难杂症的佳话。

古语云："欲治其国，先齐其家。"魏徵平时专注于学问，不大关心经营资产的事。然而，他既然熟知天文、地理、朝政、民情，齐家当然不在话下。相传，魏徵曾经替其叔父管家一年，所提的条件是：一切事情都由他做主，不许叔父中间插杠子，就是一年颗粒不收也不能干涉。春天，魏徵叫庄丁们左一遍右一遍地耕地，干多干少不查问，就是不准播种。他把两个如花似玉的堂妹叫出绣房，让她俩挎着篮子到地里掐苜蓿，晾干了再背回来，而且每天只准洗手，不准洗脸，衣衫脏了、破了也不准换洗。两个堂妹虽然满心不高兴，也只得依着办。不久，隋炀帝派人到这一带来挑选美女，充实行宫，老远就见魏家姑娘蓬头垢面，衣衫褴褛，以为不是疯就是傻，连照面也没打，就走开了。一场大祸就这样避免了，两个堂妹打心眼里佩服魏徵的见识。

小满节刚过，魏徵就派长工们割麦、打麦，别人家的麦子还未开镰，他家的麦子就入囤了。没过两天，一场罕见的冰雹袭来，把乡亲们地里的麦子、夏苗都砸光了，魏徵便把晾干的苜蓿分给乡亲们度荒。他把耕熟了的地全部种上了黍子，这种地里种黍子，收成格外的好，别人家也在被灾害毁了豆苗的地里种上了黍子，但那叫“冷地”，长得不好。这一年，四乡五县都收了黍子，魏徵家便开了个粮店专门收购黍子。不久，隋炀帝要下江都，要开挖新河道，下令花大价钱收购黍子，用于行船，魏徵家把黍子全部卖给官家，获得了可观的收入。

这个故事虽然带有浓厚的传奇色彩，然而却从某些侧面反映了魏徵不仅深谙朝政民情，总揽天下风云，而且熟知天文、农艺等应用科学，是一个博学多才的技术能手。

魏徵从启蒙识字时起，到大业六年（610）止，这段时期不短于二十年。漫长的读书生活，对魏徵以后的人生影响是巨大的。魏徵在落魄的前半生中，并没有像某些不得志的书呆子那样穷愁潦倒，而是在失意中自立自强，以极其广博丰富的学识，全方位地充实了自己，把自己造就成一个济世良才。

四、胸怀大志

任何一个政治家都是怀着他的理想，带着他的抱负而投身于政治实践的。《旧唐书·本传》称魏徵“少孤贫，落拓有大志”，这种“大志”是什么呢？他平生“不事生业”，就是不把发家致富、置产业过日子放在心上。同时，他也不是想成为大学者，虽“好读书”，但不是皓首穷经的书生类型，而是“多所通涉”，“尤属意纵横之说”。他曾跟随隋代大学者王通学习一段时间，当王通有一次问起他的志趣时，魏徵坦率地回答：“愿事明主，进思尽忠，退思补过。”（《中说·天地》）原来他的大志就是辅助一位有作为的英明君王，干一番拯世济民的大事业。有关魏徵抒发和流露个人情感和心性的文学作品非常罕见，仅有的一些篇章，也都能给人以奋发向上、进取有为的精神鼓舞。

武德二年（619），魏徵曾写过一篇《道观内柏树赋》（并序），其文曰：

元坛内有柏树焉，封植营护，几乎二纪。枝干扶疏，不过数尺，笼于众草之中，覆乎丛棘之下，虽磊落节目，不改本性。然而翳荟蒙茏，莫能自申达也。惜其不生高峰，临绝壑，笼日月，带云霞，而与夫拥肿之徒，杂糅兹地，此岂所谓方以类聚，物以群分者哉？有感于怀，喟然而赋。其词曰：

览大钧之播化，察草木之殊类。雨露清而并荣，霜雪沾而俱悴。唯丸丸之庭柏，禀自然而醇粹。涉青阳不增其华，历元英不减其翠。

原斯木之攸挺，植新甫之高岑。干霄汉以上秀，绝无地而下临。笼日月以散彩，俯云霞而结阴。迈千祀而逾茂，秉四时而一心。

灵根再徙，兹庭爰植，高节未彰，贞心谁识。既杂沓乎众草，又芜没乎丛棘。匪王孙之见知，志耿介其何极？若乃春风起于萍末，美景丽乎中园。水含苔于曲浦，草铺露于平原。成蹊花乱，幽谷莺喧。徒耿然而自抚，谢桃李而无言。至于日穷于纪，岁云暮止。飘蓬乱惊，愁云叠起。冰凝无际，雪飞千里。

顾众类之飒然，郁亭亭而孤峙。贵不移于本性，方有俪乎君子。聊染翰以寄怀，庶无亏于善始。

该篇现存于《魏郑公文集》当中，是一篇抒情散文，描述道观中的一株柏树，树龄20多年了，枝叶茂盛，而树干不过几尺，为什么长不高呢？因为被笼罩在杂草之中，覆盖于荆棘之下，满身伤痕而坚韧刚毅、不畏霜寒的本性不渝。就这样虽然枝叶繁茂，也无法自己表现出来。只可惜它不生长在高山上、悬崖边，有日月的光辉照耀，有云雨为它装饰打扮，反而和那些平庸无用之辈混在一起，这难道就是圣哲所说的“方以类聚，物以群分”吗？因此，它慨叹自己高尚的节操没有机会得到表现，一片忠诚正直之心无人相识。它盼望春天尽快到来，它将装点景色让园林更加美丽。而当前事态严峻，如一日已到傍晚，似一年正值隆冬，百草惶惶，像受惊的飞蓬不得安宁，无穷无尽的愁苦犹如天空乌云连绵迭起。千里冰封，万里雪飘，众多草木都凋零了，而它将孤独地亭亭直立，保持敢于傲霜雪的本性，将与树中君子并驾齐驱。此赋托物喻人、借柏寄怀。“原斯木之攸挺，植新甫之高岑”，“灵根再徙，兹庭爰植”，既写庭柏的来历，也表现了作者坎坷的身世经历。“唯丸丸之庭柏，禀自然而醇粹”，“迈千祀而愈茂，秉四时而一心”，“郁亭亭而孤峙。贵不移于本性，方有俪乎君子”，既写庭柏坚贞傲寒的品格，也表现了作者忠贞正直的性格。“高节未彰，贞心谁识”，“徒耿然而自抚，谢桃李而无言”，既写庭柏被人冷落的情景，又表现了作者怀才不遇、心中块垒不平的愤懑之情。“匪王孙之见知，志耿介其何极”，既写庭柏的希冀，也表现了作者希望有人提携、有人知遇的愿望。句句写柏，亦句句喻人，亦物亦人，浑化无迹。

这里，魏徵以树作喻，既抒发了对现实的不平，也对未来寄予厚望，表露了他不管在怎样艰难困苦的情况下，都不气馁，不随波逐流，坚定不移地走自己的人生道路。从这一短赋中就可知魏徵不甘沉沦，不愿碌碌无为了此一生的雄心，希望有朝一日摆脱于众草和丛棘，屹立于高峰之上的雄心壮志。

第二章

动荡岁月

一、混乱时局

魏徵由出生到成年期间，正是隋王朝由开国到崩溃，急剧变化的历史时期。大象二年（580），北周宣帝宇文赟暴死，年仅九岁的太子宇文衍继位，政权落入外戚杨坚手中，此事立即在周室朝廷内外引起轩然大波。杨坚自视不凡，他不仅是宣帝杨皇后的父亲，有国丈之尊，更主要的他是北周开国第一功臣、八大柱国大将军之一独孤信的乘龙快婿，十二大将军之一杨忠的长子，凭着父辈的荫庇，他十五岁便任官散骑常侍、车骑大将军，仪同三司，封成纪县公。十六岁迁骠骑大将军，加开府。二十岁迁左小官伯，又出为随州刺史，进位大将军。二十七岁时父亲杨忠去世，袭爵随国公，其后又进位柱国、大柱国、大司马。三十八岁再迁大后丞、右司武，官至大前疑。在父辈的庇护下，杨坚不仅少年得意，而且借岳父、父亲的关系以及自己的权势，形成了强大的个人势力集团。尽管杨坚善于韬晦，但他的政治野心还是自觉不自觉地时有流露，使宇文氏深感不安。杨坚也发觉自己处境不妙，就想法子暂离朝廷，到地方上去蓄积力量，等待时机。他通过皇上宠信的内史上大夫郑译，获得了扬州总管的任命，诏令是大象二年（580）五月五日发布的，杨坚装着急忙出发赴任的样子，可临行时又宣称自己的脚突然出了毛病，行走不便，借此留在京城。这月十一日，周宣帝患病，当日去世。去世得如此快速，事有蹊跷，显而易见，宫禁之事隐秘，一般人也难以说清。于是杨坚的同党小御正刘昉、领内史郑译便伪造宣帝遗诏，让杨坚全面负责军国大事。

杨坚得志，首先控制了京城和皇宫的卫队，接着自任左大丞相，假黄钺，全国所有官员一律听命于他。与此同时，他一面积极收买民心，网罗死党，另一面不遗余力铲除异己。他以心腹韦孝宽为相州总管取代尉迟迥，尉迟迥自不甘束手就擒，便起兵相抗。这年八月，杨坚军与尉迟迥军在邺城郊外会战，迥素得军心，亲自披甲上阵，一时士气大振，逼迫杨坚军连忙后退。这时邺城民众几万人出城观战助威，齐声雀跃欢呼，杨坚军恼羞成怒，丧心病狂，竟向手无寸铁的平民百姓大肆放箭，射死杀伤无数，民众竞相奔走，转相践踏，呼救号泣之声响彻天际，惨不忍闻。尉迟迥军为救护百姓，兵力分散，杨坚军趁势反攻，尉迟迥兵败自杀，邺城为杨坚军攻下。尉迟迥的失败给邺城民众带来了极大灾难。杨坚对邺城人拥戴尉迟迥十分愤怒，下令焚毁邺城，十多万人全部强制迁移到南边四十五里的安阳。眼见富甲天下的大都会就要变成废墟，世代经营的产业即将化为灰烬，可怜的邺城人日夜悲泣，伤心之余还得扶老携幼、牵儿抱女缓缓向南移动。定居在邺城几十年的魏徵一家也在南流的队伍当中，魏徵父亲思索再三，最后决定带家人及仆人去安阳内黄定居。没过多久，魏徵出生。

杨坚在大象三年（581）篡权后，恰逢混乱时期，南北分裂，各个割据势力为争夺地盘、人口和权力，彼此进行连年不断的战争，人民痛苦不堪。他推行内政改革和整顿后，经济开始恢复发展，人民的生产和生活稳定，促进了封建经济的短期繁荣。因此，在隋王朝统治时期，几百年来迟缓发展的社会经济迅速走上了上升的道路，农业、工商业、贸易等有了长足的发展，为封建社会的繁荣奠定了基础。

隋文帝杨坚是中国古代一位有作为的皇帝，在隋朝前期，他以身作则，励精图治，为了加强中央集权，巩固封建国家的统一，在政治、经济、法律、兵制等方面重新整顿，并且建立了一些相适应的制度，对后世影响巨大。

仁寿四年（604）正月，虚弱的隋文帝离开京师，到仁寿宫休养。这一年隋文帝已经六十四岁，到仁寿宫不久就病倒了。同年七月二十五日，野心勃勃、迫不及待的杨广登上了皇帝的宝座，他就是中国历史上有名的暴君隋炀帝。

隋炀帝杨广登上帝位后，凭借隋初劳动人民创造的巨量财富，穷奢极侈，挥霍无度地炫耀统治阶级的豪华生活，用政治暴力驱使千百万人民为他建东都、造宫室、筑西苑、开运河、修驰道。这等巨大的工程，大的要常年役使一二百万人，较小的也要征发一二十万人。隋朝于仁寿四年（604）发男丁数十万人，掘长堑。大业元年（605）营建东都洛阳，皇宫用的柱梁，远从现在的山西运去，一根大柱子须用两千人，运到洛阳须用十万工，这项工程历时十个月，常月役丁二百万人以上，在官吏的摧残迫害下，"僵仆而毙者十四五焉"，出现了每月运载死丁"东至城皋，北至河阳车，相望于道"（《隋书·食货志》）的悲惨景象。同年又发河南、淮北民夫百余万开通济渠，淮南民夫十万人开邗沟。大业三年（607）发河北十余郡丁男凿太行山，达于并州，以通驰道，又发丁男百余万修长城。大业四年（608）调发河北诸男女百余万开永济渠，又发男丁二十万筑长城。还征调大批民众，用了将近六年的时间开凿了一条北起涿郡、南到余杭全长两千多公里的大运河。开凿大运河，使南北的交通方便起来，这本是一件好事，但隋炀帝开凿运河的目的是为了方便他到江南游玩。在大运河挖掘的过程中，男丁不足，就征调妇女，一半以上的人都死于劳役。

除大业二年（606）未有大规模动用民工记载外，在五年中征调劳役不下六百万。当时隋朝总人口是四千六百多万，征调民夫的比例高达七分之一，弄得“丁男不供，始以妇人从役”。在这样的大征发中，广大农民被迫离开家园，使社会生产遭到严重破坏。

劳役繁重，兵役更频繁。隋炀帝不断向外扩张，以满足扩大领土的欲望。隋炀帝在他继位的头一年，就派刘方远征林邑（今越南顺化），士卒患脚肿病，死亡十分之四五。大业七年（611）隋炀帝又因大举进攻高丽而进行大规模征调，使广大地区人民陷于死亡境地。许多被征调的壮丁，大批死亡和逃亡，牛车等生产工具都被征用在兵役和徭役上，物资被征光抢尽，搞得民不聊生，“邑落为墟”（《隋书·炀帝纪》），以致“耕稼失时，田畴多荒”。“虽有田畴，贫弱不能自耕种”，已成为相当普遍的现象。

隋炀帝做皇帝十三年，经常巡游在外，留在都城的时间，总共不到一年。他不仅多次出游江都，而且先后巡游了河北、榆林（今内蒙古托克托县）、五原、河右、陇北诸地。每次巡游，从行队伍“常十万人”，到处寻欢作乐。大业元年（605），隋炀帝不等大运河全部竣工，就带着皇后、妃嫔、诸王、公主、文武百官以及大批僧尼、道士、卫队，共二十万人，从显仁宫出发，分乘小船自漕渠出洛口（洛水入黄河之口），然后改乘龙舟及其他各色船只，共计数千艘，首尾相接，前后二百余里。他乘坐的龙舟，高四丈五尺，宽五丈，长二十丈，建有正殿、内殿和东西朝堂，以及房屋数百间，全都金玉装饰，雕刻花纹，拉龙舟的总计一千多人，一律穿锦彩衣袍。皇后坐的船叫翔螭舟，拉船人九百多名。嫔妃坐的船叫浮景舟，总计九艘，每艘拉船人二百多名。贵人、美人和十六院妃子乘漾彩舟，共三十六艘，每艘拉船人一百名。除此之外，还有各式各样的豪华大船上千艘，上面坐着宫人、诸王、公主、僧尼、道士、各国使节、宫廷卫士，总计拉船人八万多名。整个船队长达二百多里，两岸还有二十万骑兵护送。所过州县，百里之内都要贡献食物，“丰厚者赏，疏俭者罪”。因此，州县官吏借机勒索，贡献出去一部分，自己留一部分，几年之内他们都腰缠万贯。此外，各地贡献的食物太多，用不完的就全部埋掉，造成了大量的浪费。

隋炀帝三次游玩江都，每次船队所过州县五百里内，皆令百姓贡献山珍海味，吃不完的一律埋掉。耗费财物无数，百姓不堪重负，怨声载道。地方官吏竭尽搜刮之能，置办礼物，弄得百姓倾家荡产，激化了阶级矛盾。

隋炀帝不仅荒淫腐朽，寻欢作乐，而且好大喜功。他继位后极力向少数民族和外国炫耀富强，引诱西域各国使者和商人齐集洛阳，从正月十五夜里开始，在天津街开设百戏场，为西域人演奏，戏场周围有五千兵，有一万人吹奏，声音传出数十里，灯光亮如白昼，一直演奏了十五天。隋炀帝还下令点缀洛阳市容，把所有的树木都饰以锦花，让商人穿上华丽的衣服，甚至卖菜的地方也用贵重的龙须席铺地。西域的商人来到饭馆门前，饭馆老板请他们吃饭，酒足饭饱，不要分文。

大业三年（607），隋炀帝为巡视北方，下令开御道三千里，迫使农民“举国就役”，这次巡游带甲士五十万，马匹十万，共花了四五个月时间。巡游队伍所过之处，农民的生计被掠夺得精光，很多州县强迫农民预先缴纳几年的租赋，弄得民众倾家荡产。

大业六年（610），隋炀帝为准备对高丽的战争，以东莱（今山东掖县）和涿郡（今北京西南）为水陆进兵基地，下诏征天下之兵，不问远近，都在涿郡集中，其中有江淮以南水手一万人，弓弩手三万人，岭南排镩手三万人，全国四面八方的战士奔赴如流，向涿郡集中，战前就已达到百余万人。第二年，隋炀帝命幽州总管元弘嗣，到东莱督造三百艘大海船。元弘嗣督造极其残酷，“诸州役丁，苦其捶楚，官人督役，昼夜立于水中，略不敢息，自腰以下，无不生蛆，死者十三四”（《隋书·元弘嗣传》）。因需要陆地运输工具，命河南、淮南、江南等地，制造戎车五万辆，送高阳（今河北高阳），以供装载衣甲帷幕。随即广征民夫，从事转运。大业七年（611）调发江淮以南的民夫和舟船，转运黎阳和洛口诸仓的粮米和兵甲攻取之具，送往涿郡，舟船相接千余里，往还于路者，经常有数十万人，昼夜不绝，弄得死者相枕，腥臭盈路，天下骚动。

大业八年（612），第一次征高丽战争开始，杨广亲率水陆军共一百一十三万余人，分二十四军由涿郡出发，这是进攻高丽的主力。另一支水军由来护儿率领，从东莱海口出发，结果水军虽攻到平壤城下，但被高丽的伏兵打得大败，四万水军，能逃回海口的仅数千人。陆军由宇文述、于仲文指挥的九个军计三十万五千余人，在渡萨水的战斗中，被高丽军打得大败，逃回辽东城的只有两千七百余人，隋炀帝第一次征高丽的战争宣告失败。

此后，隋炀帝继续发动了两次对高丽的战争，也没有达到目的。由于赋税繁重，连年不断的劳役，特别是为了征高丽而进行的全国性的大征调，使社会生产力遭到了严重破坏。当时，“老弱耕稼，不足以救饥馁，妇女纺绩，不足以赡资装”（《隋书·食货志》），以致出现“万户则城郭空虚，千里则烟火断灭”，黄河之北则“千里无烟，江淮之间，则鞠为茂草”的凄凉景象。在这种情况下，广大农民“始采树皮叶，或捣叶为末，或煮土而食之，诸物皆尽，乃相自食”……广大百姓不堪重负，终于导致了隋末农民大起义。

二、起义蜂起

隋炀帝继位以来，骄奢淫逸，横征暴敛，穷兵黩武，全国劳动人民疲惫不堪，饥寒交迫，挣扎在死亡线上。全国大规模的征调，致使劳动力锐减，田园荒芜，连年征战，广大人民靠树皮野菜充饥，沉重的兵役、徭役和饥饿的折磨，终于引起广泛的不满和反抗，人们纷纷揭竿而起。

大业七年（611），王簿首先点燃了在长白山反抗隋朝的烈火。王簿早先曾做过私塾先生，当时也在征兵之列，他愤世嫉俗，认为隋王朝摇摇欲坠，已是最后的挣扎了，自称“知世郎”，以先知先觉自居，借以树立自己的威信，并宣扬隋代必然灭亡的主张。他作了一首《无向辽东浪死歌》，来激励起义群众的士气，号召人民起来对腐败的隋王朝进行武装斗争，不要为隋炀帝的个人所好去无端送死。歌词写道：

长白山前知世郎，

纯着红罗锦背裆。

长槊侵天半，

轮刀耀日光。

上山吃獐鹿，

下山吃牛羊。

忽闻官军至，

提刀向前荡。

譬如辽东死，

斩头何所伤。

王簿的长白山起义揭开了声势浩大的隋末农民大起义的序幕，成为抗击暴隋的先声。“星星之火，可以燎原。”一呼百应，起义军很快遍及神州大地。

同年，孙安祖、窦建德在高鸡泊（今山东恩县），张金在郵县（今山东夏津），高士达在旧县（今河北景县），刘霸道在豆子航（今山东惠民）等地起义。翟让与单雄信、徐世勣在瓦岗（今河南滑县），外黄王当仁、济阳王伯当、雍丘李公逸、韦城周文举及其他不知名者纷纷响应起义。

大业九年（613），隋炀帝发动了第二次进攻高丽的战争，反兵役、反徭役的隋末农民大起义也更加迅速高涨起来，农民起义不仅遍及山东、河南、河北各地，而且发展到大江南北、长城内外。孟海公据济阳周桥（今山东曹县），孟让在齐郡（今山东济南），郭方预在北海（今山东益都），郝孝德在平原（今山东曹县）相继起义。六月，杨玄感起兵以后，在刘元进、朱粲、管崇等人的领导下，江南人民在余杭（今浙江杭州）、吴郡（今江苏苏州）一带发动起义；在白瑜娑等人的领导下，西北农民在灵武（今宁夏宁武）等地起义。十二月，章丘杜伏威、临济辅公祏起义，与下邳苗海潮、海陵赵破阵等部会合。当时仅见于记载的起义军就达一百多支，参加人数达到数百万。起义军“大则跨州连郡，称帝称王，小则千百为群，攻剽城邑”。

大业十年（614）以后，各地的农民起义军切断了隋朝三大据点长安、洛阳、江都之间的联系，隋统治集团成为农民起义汪洋大海中的几个孤岛。

大业十二年（616），各地的农民起义开始由分散到集中，逐渐形成了三大主力军，即窦建德领导的河北起义军，翟让、李密领导的河南瓦岗军以及杜伏威、辅公祏领导的江淮起义军。这三大主力声势浩大，如日中天，多次打败前来围剿的隋军，把隋王朝搅得天翻地覆，从根本上动摇了隋王朝的统治，使隋炀帝惶惶不可终日，寝食难安。

三、云游四方

魏徵生活在这样一个风雨飘摇的时代，亲身经历了隋王朝由盛到衰的全部过程。倏忽弹指一挥间，沧桑风雨。隋朝建立前期，社会比较安定，人民的生活也可算得上是安居乐业，衣食有余。魏徵出身于官宦世家，名门望族，自然要比一般老百姓的生活条件优越，虽然家道中衰，不及先前那样显赫，但祖辈遗留给他的家产，还足以使他“两耳不闻窗外事，一心只读圣贤书”。隐居故里的魏徵，虽说也感受到了苛政之苦，然而他毕竟不同于那些被逼得走投无路的农民，此时还没有到非铤而走险不可的地步。但随着双亲去世，守丧期满，他也到了“待有王者兴”，实现其治国、平天下抱负的年纪了，此时不出，更待何日。

在隋代，和尚、道士都是受优待的，不服役，不交租，不纳税。在暴君倒行逆施的年代，道袍在身，云游四方，投宿道观，不仅可以逃脱繁重的苛捐杂税和长久的兵役劳役，还不用担心吃住问题，又便于掩人耳目，无论去什么地方，也不引人注意乃至怀疑。魏徵之所以披道袍成为道士而没有着袈裟成为和尚，是因和尚得剃度，而“身体发肤，受之父母，不敢毁伤，孝之始也”，魏徵不愿让考妣的亡灵伤心。再有道士不像和尚把希望寄托在来世，道士追求今生长生不老、羽化登仙，颇受社会上层欢迎，而道家的符箓方术、疗疾治病、消灾祈福又给社会底层以温馨慰藉，对苦难中的平民很有吸引力，便于接近民众。

大业七年（611），三十二岁的魏徵经过一番熟虑之后，披上道袍，仙风道骨，超然物外。他的政治抱负，可不是做一条绿林好汉或草头军师。因此，他还需要进一步观察天下风云，交结四方豪杰，等待一个适合“出山”的时机。那么，出家为道士，正是适合进行这一观察和等待的一个途径。

关于魏徵出家当道士一事，史传多有记载。《旧唐书 · 魏徵传》谓:“不事生业，出家为道士。”《新唐书·魏徵传》谓:“隋乱，诡为道士。”可见，魏徵确实曾有过一个时期的道士生涯，这是他从隐居田园到“出山”的重要转折时期。

出家的地点，魏徵选择了鼓城县境内五大庙观之一的紫云观。这紫云观坐落在县城西南十里许的紫城村，规模虽然不算大，却有着不凡的来历。东汉末年，钜鹿人张角、张宝发动了黄巾起义。因钜鹿郡的治所在下曲阳，故根据地中心亦在下曲阳。起义遭到了官军血腥镇压。到后来，天公将军张角牺牲，地公将军张宝率领一万余义军血战于下曲阳，直到食尽援绝，全部壮烈牺牲。官军为了张扬战功，砍下了一千颗义军头颅，埋成一座肉丘坟，称作“汉京观”。这“汉京观”遗址至今尚存。后来，附近的村民埋葬了死难将士的遗体，又在附近修造了这座道观——紫云观。

此时，这观中的道长正是张宝的八世孙儿张清。魏徵素闻张道长深谙道学，精通数术、医理，上知天文，下知地理，是一位德高望重的得道高人，因此前来投奔，拜张清道长为师。张道长也十分器重博通经史的魏徵，愿将平生所学传授给他，让这个旷世奇才如虎添翼。魏徵也便顺势随缘，诡出家而真学道。

魏徵知识渊博，聪明练达。如今当了道士，便很快熟悉了道教经典规诫及一应斋醮祭祷仪式。静坐修炼、云游布道、除病消灾，样样在行，很快成了一个德行高尚的全真道人。魏徵一向精研释、道、儒诸方理论学说，很看重道家。既然栖身道观，又幸遇良师，就既来之，则安之，暂且放下俗缘，清静无为地修起道来了。

他谨遵师命，认真诵持“功课经”。卯时早课，酉时晚课。凌晨即起，打扫庭院、殿堂。面对道教祖师画像，焚香礼拜，存想圣容，存思己过，忏悔解禳，以此觉悟。晚上，坐圜守静，以修心炼性。此外，还一招一式地习练太极拳、华佗五禽戏等，外动内静，内外兼修，以平衡阴阳，强身健体。休闲时，还同道友们一起习练琴棋书画，以修养道德，陶冶情操。

随着时间推移，魏徵感到不仅对“道”有了切身的体验和领悟，内心更加充实，而且耳聪目明，身体也健壮起来了。尤其是道观藏经阁中，珍藏典籍万卷之多。他遵师嘱将这些典籍整理分类的同时，又有缘博览群书。特别是品读老子《道德经》，精研鬼谷子《捭阖传》，使他领悟无穷奥妙，收益良多。

在紫云观，除张道长外，魏徵年龄最大，被尊为“大师兄”。他除了学识渊博，受到大家敬重之外，还因为是半路出家，既懂农活，又会勤俭持家。为了改善道友们的伙食，他带领大家在园子里种上了各种蔬菜，在庭院里种上了丝瓜、扁豆。还粗粮细做，把谷面饽饽改成小米面饼子，每顿饭配有瓜菜粥、自己腌制的小咸菜等。既调剂了大家的生活，又节约了粮食。自从这位大师兄到来之后，道士们的生活水平有了显著提高。因此，大家打心眼儿里感谢和佩服他。

魏徵经过几年云游布道、治病消灾的实践，医术有了长足的进步。在他的故里，还流传着许多关于魏老道治病救人的佳话。

一天早上，魏徵舞罢剑后，静静地坐在观中的石凳上，思索着自己的人生。最近他总觉得被一种无端的烦恼困惑着，想到自己已三十五六岁了，古语曰“三十而立，四十不惑”，可是现在却一事无成，幼年时济世报国的凌云壮志在无形中逐渐消退。想到这里，魏徵恰巧遇到道长前来找他吃早饭。道长非常理解魏徵的心情，认为像他这样才华出众、思路敏捷的人，又恰值盛年，道观不应是他的久居之处。在道长的劝说和支持下，魏徵终于豁然开朗，晓喻大义，认清了天下的大势，断然离开了道观，投奔武阳郡丞元宝藏，踏上了一条通向政治舞台的道路。

四、武阳策划

魏徵的父亲魏长贤做过隋阳的官吏，与元宝藏有过交往。一日，元宝藏云游紫云观，巧遇魏徵，言谈中见其学识渊博、志向远大，一问方知是魏长贤之子，于是邀请他到武阳郡做事。此时的魏徵虽为躲逃兵役栖身于紫云观，但苦于无法施展自己的抱负，正想离开紫云观，便欣然应允。魏徵先在元宝藏家做门客，后来，元宝藏见他学识过人，便请他到武阳郡中任典书记，掌管文书。

这时，反隋农民大起义风起云涌，渐渐汇成三大支：一支是翟让、李密领导的河南瓦岗军，一支是窦建德领导的河北起义军，一支是由杜伏威等人领导的山东起义军。特别是河南的瓦岗军，势力发展迅速，声势浩大，威震中原。

在河南瓦岗军的威慑下，隋朝的地方长官和守将纷纷开城投降。正当瓦岗军左右冲杀时，河北的窦建德领导的起义军也声威日盛，势力迅速壮大。随着这两支义军的壮大，武阳郡渐渐与隋军失去联系，处于两支义军包围之中，成了瓮中之鳖，身为武阳郡郡丞的元宝藏，日子很不好过。当初，隋炀帝发动对高丽的战争，除征收定额的苛捐杂税外，还另外加税，同时还征发大量的徭役、兵役，为此朝廷不断派遣使者，责成郡县定时交纳。而当时隋朝政治混乱，官吏贪污受贿，无休止的横征暴敛，使地方郡县长官也疲于奔命。再加上农民起义蜂起，武阳郡诸县多被起义军占领，元宝藏清楚地知道，在他的郡内，贫苦的百姓逃的逃、死的死，而上面摊派的各种税收名目繁多，皇帝又连连下诏，逐捕盗贼，如战不利，按隋代的法律，做郡丞的也自身难保，这使他如坐针毡。处在如此困境的元宝藏，整天唉声叹气，自感末日来临。

在他手下做事的魏徵看到这些，对自己的前途十分担忧。他看到隋炀帝的大势已去，再为这暴君卖命已失去意义，便向元宝藏建议投奔瓦岗军，为自己准备一条后路。元宝藏乍一听，吃了一惊，对作为封建统治阶级的他来说，这么做是大逆不道的，但元宝藏仔细一想，认为魏徵言之有理，况且又没有别的办法，只好派魏徵与瓦岗军联系，表示愿意投奔。魏徵就这样卷入了农民起义的浪潮中。

第三章

投笔从戎

一、义投李密

事态发展正如魏徵所预料，反隋抗暴的星星之火，瞬间燎原。天下大乱，先后起事的不仅有农民群众，也有隋室官员，包括州郡僚属乃至封疆大吏。他们在反对杨广的同时，有时联合，有时斗争，矛盾错综复杂，无比纷繁。

在这样的情势下，魏徵以锐利的目光，密切注意观察着形势。足以影响全局的有这样几股势力：一是瓦岗的翟让、李密军，二是太原留守李渊军，三是杨广政权的王世充军，四是河北的窦建德军，五是原杨广卫队的宇文化及军。这些力量的分合与各自的浮沉，直接关系到国家的命运与未来，也为魏徵寻求明主提供了活动的舞台。

李密生于隋开皇二年（582），先世出自辽东襄平，曾祖李弼，西魏宇文泰建立府兵，置柱国大将军八员，宇文泰为第一员柱国大将军，统率全军，宗室元欣虽位列柱国大将军，但有名无实，其余六员柱国大将军分统六军，李弼居其一，遂为京兆长安人。宇文泰据关中，纠聚关陇郡姓和鲜卑贵族，形成关陇世族，而“八柱国”则是关陇世族的最高层。经过西魏、北周，到隋朝，数十年间，关陇世族在顺利的发展中，内部不断变化。李密出生时，不但元氏和宇文氏已失掉了皇冠，而且“八柱国”之家势力也下降了。李弼的子孙虽然列居公爵，但已不能居要职、握实权，变成了虚有其表的破落户。当然，其社会声望还是存在的。

李密凭着父祖恩荫，袭爵蒲山郡公，充当宫廷侍卫官——左亲侍。由于隋炀帝嫉视元老重臣，对“八柱国”之后的“黑色小儿”李密，感到“视瞻异常”，免其官职。李密本来郁郁不得志，便回家闭门读书，与外界很少往来。他读史书，思考着如何趁天下大乱出头。这日，李密骑着黄牛，牛角上挂着《汉书》，且行且读，路上恰逢越国公杨素。杨素感叹眼前这个书生如此勤奋，又问他在读哪一部分，李密答《项羽传》。此番交流表露了李密的志向所在，而且他表达了企图恢复衰微的关陇世族旧日风光甚至夺取皇权的要求，这与秦末的六国贵族后裔项羽恰恰惊人的相似。

杨素爵居越公，位兼将相，既为文帝宠臣，又是炀帝夺嫡的谋主，骄奢、狡诈、阴险、残酷，罕有其匹。这位炙手可热的达官贵人，一见李密，言谈之间，倍加赏识。于是，杨素引荐他为杨玄感的密友，并评价他："吾观李密识度，汝等不及。"

虽然杨玄感和李密都是公爵，但是杨玄感恃贵骄人，李密却没有恃才傲物。当李密受到杨玄感轻侮时，李密说："人言当指实，宁可面谀！若决机两阵之间，喑呜咄嗟，使敌人震慑，密不如公；驱策天下贤俊，各申其用，公不如密。岂可以阶级稍崇而轻天下士大夫邪！"（《资治通鉴·隋纪》）怀有野心的杨玄感心领神会，"笑而服之"。从此，他们便成为莫逆之交。

在隋统治集团内部权力分配的斗争越来越激烈的时候，隋文帝的猜忌，隋炀帝的骄狠，更加速了矛盾的发展。杨素去世，杨玄感袭爵楚国公，居礼部尚书职。"自以累世尊显，有盛名于天下，在朝文武多是父之将吏，复见朝纲渐紊，（炀）帝又猜忌日甚，内不自安。"恰恰隋炀帝在大杀臣下之余，公然说："使素不死，终当夷族矣！"这种情势，更加促使杨玄感加紧策划政变。他与诸弟密谋，寻找时机，废掉隋炀帝，护立其侄秦王杨浩做皇帝。大业五年（609）隋炀帝西征吐谷浑，进军至大斗拔谷，遇到大风雪，随从死亡过半，十分狼狈。杨玄感便想趁机发动政变，袭击御帐，废囚隋炀帝。他的叔父杨慎劝说道："士尚一心，国未有衅，不可图也。"杨玄感才暂时没有动。杨玄感不审时度势，便想轻易冒险，足见他野心勃勃，同时又表明了他貌似聪明，实则鲁莽无谋，是不能成大事的。

此后，杨玄感更精心策划，窥测时机。隋炀帝四面出击，炫耀武力，杨玄感便投其所好，争取信任，他向隋炀帝请求，"世受国恩，愿为将领"，隋炀帝大喜，当众夸赞他说："将门必有将，相门必有相，固不虚也！"厚加赏赐。"由是宠遇日隆，颇预朝政。"杨玄感博得了信任，更加紧策划政变。

大业七年（611），隋炀帝发动侵略高丽的战争，杨玄感奉命驻黎阳，督运资粮。黎阳在今河南省浚县境内，是运河上的战略要地。黎阳地处黄河北岸，邻近河南，河南、河北在当时都是苦难深重的地区。

隋炀帝在大业七年（611）初次发兵侵略高丽，次年大败退回。大业九年（613），又重新出兵，亲驾渡辽，杨玄感见"百姓苦役，天下思乱"，便加紧准备，密遣心腹入关，将其弟玄挺和李密从长安接来黎阳，策划起兵。时年六月，杨玄感捏造军情，宣称右骁卫大将军来护儿率水军反叛，以讨来护儿为名，召集邻近州县官，令各发兵，在黎阳会合，又选运夫中少壮者五千余人、船工三千余人编成基干队伍。

杨玄感在黎阳登坛誓众，声称："主上无道，不以百姓为念，天下骚扰，死辽东者以万计。今与君等起兵以救兆民之弊，何如？"苦难深重的群众，早就希望能反抗暴政，争取生存，于是，皆踊跃称"万岁"。农民大起义促使隋统治集团加速分化，出现了杨玄感起兵，而杨玄感起兵又加速了农民大起义的发展。

杨玄感起兵时，问计于李密，李密说："天子出征，远在辽外，去幽州犹隔千里，南有巨海，北有强胡，中间一道，理极艰危。公拥兵出其不意。长驱入蓟，据临渝之险，扼其咽喉。归路既绝，高丽闻之，必蹑其后。不过旬月，资粮皆尽，其众不降则溃，可不战而擒，此上计也。"杨玄感说："更言其次。"李密说："关中四塞，天府之国，虽有卫文升，不足为意。今帅众鼓行而西，经城勿攻，直取长安，收其豪杰，抚其士民，据险而守之。天子虽还，失其根本，可徐图也。"杨玄感说："更言其次。"李密说："简精锐，昼夜倍道，袭取东都，以号令四方。但恐唐告之，先已固守。若引兵攻之，百日不克，天下之兵四面而至，非仆所

知也。”(《资治通鉴·隋纪》)

杨玄感却认为他所说的“下计”正是“上计”，以后便照此计进行。杨玄感识浅谋短，固不足道，而从来论者往往把李密三策视为卓识高见，其实这种看法也是不确切的。就当时形势来考察，李密所谋三策都是冒险主义的。当时农民大起义虽然在蓬勃发展，但都不能给隋朝廷以致命打击，置之于死地，隋军虽败于高丽，但其主力部队却仍然基本保存，隋朝财力和兵力还是强大的，东都、关中都屯驻重兵，各有二十万，无论“长驱入蓟”或者“经城勿攻”，都困难重重。李密毫无实际军事政治经验，纸上谈兵，说起来头头是道、娓娓动听，实际上是行不通的无益之策，自然没有决胜的可能。

尽管杨玄感集团缺乏卓识远见之士，但是苦于苛政的人民群众却掀起了反隋的巨澜。杨玄感领兵从汲郡（今河南汲县）南渡河，“遂南渡河，从乱者如市。众至十余万。洛父老竞致牛酒”，杨玄感每誓众，都慷慨激昂地说：“我身为上柱国，家累巨万金，至于富贵，无所求也。今不顾破家灭族者，但为天下解倒悬之急，救黎元之命耳。”由于参军人数激增，杨玄感募得的兵士，奋勇争先。隋军士兵厌战情绪十分明显，采用种种办法向杨玄感部输进武器，有的还投降过去。

杨玄感屡战屡胜，余杭（今浙江杭州）刘元进、梁郡（今河南商丘）韩相国皆起兵响应他。然而，杨玄感屯兵坚城之下，既没有歼灭据守东都隋军的主力，又不能攻取具有重要战略地位的城镇，反而以为天下响应，志得意骄，准备称帝。李密劝阻说："兵起以来，虽复频捷，至于郡县，未有从者，东都守御尚强，天下救兵益至，公当挺身力战，早定关中，乃亟欲自尊，何示人以不广也。"杨玄感才暂时搁置此事。李密见杨玄感措置失宜、用人无方，感叹说："楚公好反而不欲胜，吾属今为虏矣！"

杨玄感悬兵日久，隋军四面来援东都，杨玄感腹背受敌，连战连败。李密又劝他迅速西向，恰巧有华阴杨氏请为向导，杨玄感便解东都之围，西趋潼关。他到达弘农宫（今河南陕县），欲进攻。李密力争说："公今诈众西入，军事贵速，况乃追兵将至，安可稽留？若前不得据关，退无所守，大众一散，何以自全！"杨玄感不听，进攻弘农，三日不克，被隋军追及，全军崩溃，杨玄感兄弟尽死，党羽大多被杀，李密等人被俘。李密被押送往隋炀帝临时驻地高阳。李密在路上和同伙密谋，用金钱诱哄押解人员，又每夜饮酒喧笑，麻痹使者，至邯郸，乘其不备，穿墙逃脱，从此，李密成了流亡的政治犯。

大业七年（611），韦城（今河南滑县）人翟让曾在洛阳做一名执法的小吏（法曹），因犯罪被判处死刑，一名管监狱的小官黄君汉同情他的遭遇，偷偷将他放跑。翟让逃到滑县东南的瓦岗，那里的农民因不堪隋朝的暴政，正在酝酿起义，他的到来恰似一颗火星落在干柴上，在这过程中，翟让积极组织、策划，揭露隋朝的暴政，在起义的农民中树立了威信，被推举为领袖，发动起义。翟让的同乡单雄信听说翟让在瓦岗领导农民起义，便带领很多贫苦百姓投奔瓦岗军。后来陆续加入的还有东阿人程咬金、浚县怀山起义的徐世勣等部。

瓦岗军起义以后，不久就攻下滑县和浚仪（今河南开封），活动在西至郑州、东至宋州（今河南商丘）一带。他们打劫运河中隋朝运载粮食的官船和商船，来解决起义军的粮食供应。

大业十二年（616）秋，内黄起义的王伯当率所部三千人投奔瓦岗军，同时还带来一个人见翟让，此人便是李密。这为瓦岗军注入了新的血液。

李密曾参与杨玄感的起义，失败后四处逃难。当他看到瓦岗军势力发展很快，便打算投奔起义军。翟让早就听说李密很有才能，非常尊重他。李密当即献计，隋炀帝现今在江都游山玩水、不理政事，他的精兵又大部分被高丽打败，应抓住这个大好时机，扛起反抗隋朝暴政的义旗，会聚各地的起义军，推翻隋朝。翟让听了以后，十分振奋，当即留下李密为他出谋划策。翟让又接受李密的建议，并派李密劝说各地起义军的首领加入瓦岗军。在李密的游说下，周文举、李公逸等领导的农民起义军纷纷加入，瓦岗军很快发展到数万人。

这一年冬天，瓦岗军从金堤关出发，攻打战略要地荥阳。瓦岗军的迅速壮大，使隋朝受到很大的震动。隋炀帝派张须陀为河南讨捕大使，与荥阳太守杨庆联合镇压瓦岗军。翟让、李密面对强大的敌人决定智取，把大部分兵力埋伏在荥阳大海寺北面的树林里，而由翟让率领一小部分瓦岗军与张须陀交锋。曾经打败过翟让的张须陀，这次率领两万精兵赶来，更不把翟让放在眼里。当他看到翟让的人马很少，便率军掩杀过来，翟让佯装不敌，向大海寺方向退却。张须陀不知是计，拼命追赶。刚刚追到大海寺，只听得杀声四起，瓦岗军的主力从隐蔽的树林中冲杀出来，将张须陀团团围住。瓦岗军人人奋勇当先，以一当十，杀死无数隋军。张须陀左冲右突，还是冲不出重围。这个双手沾满起义军鲜血的刽子手心里明白，如果被起义军活捉，绝不会有好下场，于是拔剑自刎。瓦岗军打败张须陀、攻占荥阳以后，威名远播，隋军闻风丧胆，纷纷开城投降。

大业十三年（617）二月，瓦岗军沿登封东南，翻过方山，进到离洛口仓不远的罗口，从罗口向驻守洛口仓的隋军发动突然袭击。隋军没有准备，闻风而逃，瓦岗军不费吹灰之力就攻占了洛口仓。洛口仓是隋朝最大的粮仓之一，储藏了大量粮食，瓦岗军四处张贴告示，凡没有粮吃的人均可来仓城领米吃。饥饿的百姓奔走相告，纷纷涌向仓城，百姓个个喜笑颜开，从内心感激瓦岗军，纷纷参加起义军。

洛口仓离东都洛阳只有一百多里，瓦岗军攻占洛口仓直接威胁洛阳。驻守洛阳的越王杨侗派虎贲郎将刘长恭率步骑两万五千人攻打瓦岗军，又令裴仁基为河南讨捕大使，领兵西出汜水（今河南荥阳），企图从东西两面夹击瓦岗军，一举消灭起义军。翟让、李密根据形势，决定派一小部分兵马，埋伏在横岭，阻击裴仁基，用大部分人马抵御刘长恭的军队。刘长恭根本未把这些“流寇”放在眼里，不等裴仁基兵到，便发动进攻，双方在巩县东南的石子河西列阵交锋，瓦岗军士气旺盛，越战越勇，瓦岗军大获全胜，刘长恭脱掉官服，混入士兵队伍，仓惶逃回东都。当刘长恭败回东都时，裴仁基还未达合击地点，瓦岗军又移师反攻裴仁基，他审时度势，不战而降。

石子河战役以后，瓦岗军在洛口正式建立统一的政权。翟让本来是瓦岗军的最高领导者，由于李密的功劳，瓦岗军迅速壮大，翟让认为自己才能不如李密，出于对瓦岗军的前途考虑，决定将领导权让出，这样大贵族出身的李密被推为魏公兼行军元帅，执掌瓦岗军的军政大权。翟让退居上柱国、司徒、东郡公，单雄信任左武卫大将军，徐世勣任右武卫大将军。黄河以南、江淮以北的小股起义军，如王君廓、李士才、魏刀儿、李文相、孟让、郝孝德、王当仁等，都加入瓦岗军，众至数十万。声威日盛，控制区不断扩大，达到了瓦岗军的鼎盛时期。

接着，瓦岗军开始攻打洛阳。翟让、裴仁基率兵两万，占领了洛阳北面的回洛东仓。为瓦解隋军，配合攻打东都，瓦岗军的文书祖君彦写了一篇讨伐隋炀帝的檄文，在洛阳城下发布，很快就传遍全国。东都告急，隋炀帝派江都通守王世充率江淮劲旅北上救援。他一到洛阳，就纠集了刘长恭等各军十万多人，进攻瓦岗军。十月末，王世充派出一部分人马夜渡洛水，进攻瓦岗军的背后，抢占黑石关，准备两面夹攻瓦岗军。当李密得知后，引兵到洛水北岸以断其后路，但被打败，大将柴孝和坠河而死。李密又返回洛水以南，派小部分人马奔向月城，王世充跟踪追击，直指月城。李密却率大部人马采用调虎离山之计，回军黑石关，大破守军，连下六个据点。王世充得知上当后，急返救援黑石关，在途中遭到李密伏击，死伤三千多人，瓦岗军反败为胜。

王世充兵败以后，高挂免战牌，坚守不出。越王杨侗却派人安慰他，督促他继续出战，无奈，王世充只好收集几万残兵败将，向石子河一带进攻。李密决定兵分三路，王伯当、裴仁基各率一军伏于两侧，李密率中军直接迎战王世充，大败，引王世充进入埋伏圈，正当王世充得意之时，不料从侧后杀出两支人马，撤退中的李密又掉转马头，掩杀回来，王世充大败，逃回东都，隋军死伤无数，遭到重创。

武德元年（618）春，经过一段时间的休整，王世充又集结七万余人，准备渡河与瓦岗军决战。他先令部队在洛水架浮桥，接着率军渡河。最先登岸的虎贲郎将王辩的部队已攻破李密外围营寨，但其后续部队却被另一支瓦岗军打败。多次上当的王世充，本来就惧怕，认为渡河部队战败，下令撤兵，李密则趁其撤退之机挥军掩杀。隋兵争先恐后地跑回浮桥逃命，因桥窄人多，互相践踏，落水而死者不计其数，大将王辩当场被杀，隋军再受重创。屡战屡败的王世充，损兵折将，自知论罪当斩，率领数千人逃到河阳，不敢回东都，自缚待罪。越王杨侗遣使宣布赦令，又把他召回东都。这时瓦岗军乘胜攻占了金墉城。

王世充的战败给隋朝的封建统治以沉重打击，上层建筑摇摇欲坠。武阳郡渐渐与隋军失去联系，被李密的瓦岗军和窦建德领导的起义军包围其中，魏徵说服元宝藏归降瓦岗军。

二、宏图未展

元宝藏归降李密以后，经常与李密联系，他写给李密的书信，均由魏徵执笔，李密看了这些信后，称赞不已，信中词句文辞出众、书法遒美。一问得知这些信都是魏徵的手笔，李密便聘请魏徵到瓦岗军元帅府任文学参军，让他掌管文书。李密虽然欣赏魏徵的才学，但只是把他当作一般的文人学士来看待，并不重用魏徵的谋略。魏徵曾经主动向李密献“十策”，其中最重要的一条就是指出瓦岗军今后的发展方向。《旧唐书·魏徵传》载：“徵进十策以干密，虽奇之而不能用。”《新唐书·魏徵传》载：“徵进十策说密，不能用。”关于“十策”的具体内容，史传未见详载。然而，据魏徵的抱负、韬略及以后提出的治国方策来推测，大概包括以下几点：

1. 军队实行屯垦，丰衣足食，富国强兵；

2. 境内实行均田，劝课农桑，与民生息；

3. 实行仁政，宽减刑罚，取信于民，巩固后方；

4. 选拔精兵良将，绕开洛阳，进军关中，攻取都城长安，建立新朝等。

其中，这第四点尤其重要，因为当时隋炀帝远在江都（今江苏扬州），隋朝对付农民起义军的前沿，是东线的江都和洛阳，在这里集结了大批精兵良将，而关中兵力相对空虚。而且，长安是国都，攻陷长安，建立新王朝，无疑更便于号令天下。

因而在此之前，谋士柴孝和就曾劝说李密，令部将裴仁基守回洛，翟让守洛口，自己“亲简精锐，西袭长安”，以成就帝王之业。李密虽然也认为这是上策，但他担心部将多是山东人，在攻下洛阳之前，不肯相随西进，更害怕留守根据地的将领不受节制。因而，他把兵力屯驻于洛阳附近，久久做不出西入关中的决策。李密的分析，未免失之偏狭。其中，最主要的原因是，李密为人素性多疑，唯恐西进之后，翟让取代了自己的地位。因而坐失良机。魏徵分析，如今瓦岗军兵精粮足，民心所向，兼有运河之利，占尽了天时、地利、人和。如果沿运河两岸南下，出兵直捣扬州，那隋氏江山必将瓦解无疑。这条策略得到当时各将领的赞许和支持。而此时的李密被胜利冲昏了头脑，不能对形势做出正确的估计，他认为位低历浅的魏徵不会提出什么好的建议，只不过是借此捞取向上爬的资本。李密认为当时瓦岗军离洛阳与其离扬州相比，要近得多，所以他十分武断地决定：西进洛阳，放弃南下扬州。这个决定关系着瓦岗军的发展，尽管当时瓦岗军西进取得了胜利，却极大地消耗了瓦岗军的实力，埋下了瓦岗军失败的伏因。

瓦岗军在军事上取得很大胜利的同时，在领导集团内部发生了分裂、残杀的严重问题。瓦岗军最初是由翟让领导的，人数很少，发展缓慢，反隋的目标也不很明确。后来，李密加入了瓦岗军，他提出了明确的反隋号召，屡出奇谋，使瓦岗军迅速壮大起来。在这个过程中，李密的功劳最大，所以在石河子战役后，翟让从大局出发，将领导权让给李密，这也是当时的形势所迫。但跟随翟让起义的王儒信、翟宽（翟让的哥哥）等人却始终不甘心。他们多次劝说翟让自为“大冢宰”，与李密争夺领导权，经常煽动翟让杀掉李密，夺回领导权。李密对这一切十分担心，害怕某一天成为别人刀下冤鬼，所以为了保住自己的地位，他一方面竭力扩大自己的势力，不惜重用刚刚投降过来的隋朝的降官降将，如裴仁基、秦琼等；另一方面阴谋杀掉翟让，以彻底消除隐患。大业十三年（617）十一月，李密故意设宴邀请翟让，在宴会上，瓦岗军的首领济济一堂，开怀畅饮。这时，有人把一张漆得油光光的弓递给李密，李密马上递给翟让，让他试拉一下。当他把弓刚拉满时，从背后突然出现一个送酒的大汉，从腰边抽出一把大刀，猛地向翟让砍去。这个刺杀翟让的大汉就是李密的心腹蔡进德。

翟让倒在血泊中，但他的眼睛和嘴都张着，手里还拿着李密递给他的那张弓。瓦岗军的将领们顿时乱作一团。翟宽、王儒信被事先埋伏好的刀斧手杀死，徐世勣慌忙出门逃走，被守门人砍了一刀，险些丧命。单雄信跪地叩头求饶，李密才免他一死。

李密杀了翟让以后，大大削弱了瓦岗军的领导力量。将领们人心惶惶，害怕悲剧掉在自己头上。徐世勣伤好以后，就带领自己的军队攻打黎阳（今河南浚县），后来就一直在那里驻守，再也没有回来。这部分军队又正是瓦岗军的中坚力量，使李密的瓦岗军受到沉重的打击，瓦岗军由顶峰走向下坡。

三、误作常谈

武德元年（618）三月，握有军权的宇文化及看到隋代的残暴统治已到了末途，再为它卖命也不会有什么好下场，便勒死隋炀帝，发动兵变，立秦王杨浩为傀儡皇帝，自称宰相，掌握了军政大权。下一步就是打着隋的旗号，以武力统一全国，为自己篡权做准备，只可惜他逆历史潮流而上，未看清当时的反隋起义已是时代的主流，失败的悲剧不可避免。兵变后不久，宇文化及引兵十余万人进入中原。瓦岗军正好处于王世充和宇文化及的夹击之中，李密担心腹背受敌，所以表面上向杨侗（这时已称帝）称臣，以便全力以赴对付宇文化及。宇文化及率军由徐州直趋黎阳，企图一举攻占黎阳仓，兵乏将缺的徐世勣动员全军死命保守黎阳，自己也亲自上前线，顿时士气大增，孤军坚战，迫使宇文化及撤退。这时，李密亲率大军由金墉城赶到浚县东南，和宇文化及大战于童山脚下。两军从早上打到中午，瓦岗军士气高涨，打着隋的旗号的宇文化及军队士气低沉，尽管人数众多，也逐渐招架不住，兵败向后退却。稳住阵脚后，宇文化及只收集到两万残兵向河北魏县方向逃去。不过，瓦岗军由于领导集团的分裂，战斗力也有所下降，在这次战役中，损失也很大，主帅李密在厮杀中不幸被流箭击中落马，被秦叔宝救起。

遭受重创的宇文化及逃到河北，用金帛收买了据有聊城的王薄，得以进驻聊城。武德二年（619），唐大将李神通在贝州一带又一次重创宇文化及。窦建德看到宇文化及的窘境，也乘机围攻宇文化及。王薄看到聊城危在旦夕，于是在府内将宇文化及捆绑起来，打开城门，迎接窦建德。宇文化及这个双手沾满起义军鲜血的刽子手，当即被斩首示众。

当瓦岗军和宇文化及在童山脚下决战的时候，王世充在洛阳也发动了兵变，杀了内史令元文都，掌握了军政大权。令他头痛的是，洛阳东都附近的粮仓均被起义军所占领，洛阳城中粮食储备很少，没有粮草，军队就会发生骚乱。焦急中的王世充看到瓦岗军与宇文化及决战时双方消耗很大，再加上瓦岗军领导集团内部的分裂，瓦岗军的实力下降，防守有些空虚，于是想趁机夺取洛口仓等仓城的粮食。为此，他挑选了两万精兵，出击瓦岗军。当时，李密认为瓦岗军连续进行恶战，尚未得到休整，不利于再战，主张坚城固守，等到敌人粮尽，自然退却。但是翟让的老部下单雄信等人，为替翟让报仇，极力鼓动李密出战，鼓吹瓦岗军如何如何骁勇善战，王世充如何如何昏庸无能，说他只不过是屡战屡败的将军罢了，刚获得大胜的李密被单雄信等人吹得飘飘然，遂改变原来的打算，决定举兵迎战王世充。战前，李密曾召集诸将商量对策，并不是所有的将领都像单雄信，对瓦岗军前途担忧的裴仁基则献策，王世充倾兵而来，东都必虚，请挑选两万精兵进攻洛阳，王世充必然回兵救援，瓦岗再整军慢慢退回。兵书上说“彼归我出，彼出我归”，可用此法来疲劳敌人。但李密受大多数翟让部下的鼓动，没有采纳裴仁基的建议。

这时，魏徵在瓦岗军中做文学记室，职位低、资历浅，不能参加会议，但他很关心瓦岗军的命运，便找到元帅府长史郑颋，献计如下：魏公（李密）虽然最近打败了宇文化及，取得胜利，但损失也很严重。勇敢善战的将士死的死，伤的伤，消耗得差不多了。目前仓库里缺乏财物，对作战有功的将士，又不能及时奖赏，难以鼓舞士气。由于这些原因，主动出击，和王世充拼杀，对瓦岗是不利的。不如深沟高垒，跟敌人拖延时间，敌军粮草用尽，必然退却，到那时瓦岗再出兵追击，一定能够取得胜利。并且，东都的粮食快要吃光，王世充无计可施，可以说穷寇难以与其争锋，请魏公（李密）采取慎重态度，不要立即与他交战。几句话下来，魏徵就把当时的形势分析得淋漓尽致，然而郑颋根本看不起这位掌管文书的小吏，说道："此老生之常谈耳！"魏徵气愤地说："此乃奇谋深策，何为常谈呢？"魏徵见话不投机，没有再多说什么，拂袖而去。

四、战败归唐

由于不用魏徵之谋，轻易出战，李密遭到惨败，丢了偃师，连郑颋也被劫持走了。李密只好带领万余人回洛口，不料其部下邴元真、郑虔象等已举城投降了王世充。李密只好率数十骑逃奔虎牢（今河南荥阳）。他原打算到黎阳（今河南汲县），去找徐世勣。但有人提起徐世勣在翟让被杀时，曾重伤差点致命的往事，世勣"疮犹未平，今可保乎"？李密本来就好猜忌，便没敢去依靠徐世勣，待机振兴瓦岗军。而是到河阳（今河南孟县）找到王伯当等人，西入潼关投诚了李渊。后晋刘昫在《旧唐书·李密传》史论中，不无遗憾地说："及偃师失律，犹存麾下数万众，苟去猜忌，疾去黎阳，任世勣为将臣，信魏徵为谋主，成败之势，或未可知。"

魏徵自投入李密麾下一年多来，屡献奇谋高策，只有一次，李密听了他的主张，方得"一封书檄下荥阳"。其余的都没有听，以致丧失了西入长安的大好时机，又铸成偃师惨败。经过此番周折，魏徵起码意识到李密这个人不足与谋。他后来主撰《隋书》时，一方面在史论中肯定了李密率众起义的壮举，另一方面又批评说："然志性轻狡，终致颠覆。"

在这种情势之下，魏徵认为唯有投唐，才是符合时局的归宿，他于是毫不犹豫地随李密去了长安。这样魏徵摆脱了在李密军中不受重用、压抑的境况，投入唐朝的怀抱，开始与李渊共事，终于找到了明主，有了出头之日。

第四章
多次易主

一、唐公见推

瓦岗军战败后，一行人跟随李密进入关中，投降了李渊，魏徵也随之来到唐都长安。

李密屯兵坚城之下，为太原留守李渊创造了绝好机会。和李密一样，李渊也出身名门，祖父李虎，是西魏八大柱国之一；父亲李昞是北周的柱国大将军；母亲独孤氏，与杨广母亲是亲姊妹。这样的家庭背景使他对小自己3岁的表弟杨广有更多的了解。杨广生性多疑，李渊韬光养晦，谨慎小心。本来他也野心不小，早有取代杨广之意。大业九年（613）正月，杨玄感尚未起兵时，李渊任卫尉少卿，协助掌管国家武器军械，在涿郡就曾和他日后的妻舅宇文士及密论过此事，只是认为时机不到隐而未发，此后一直在窥探形势，到太原后，即令他的长子李建成、次子李世民分别在河东、太原广结各方英豪，又以防御突厥为借口，积极招兵买马，相机行事。

如今的机遇千载难逢，杨广远在江都，朝廷精锐正在东都与李密鏖战，其余官军亦多为各地义军牵制，关内富饶而防备空虚，南下取长安，控制关内与巴蜀以巩固后方，进而逐鹿中原，汉高祖刘邦正是这样取得天下的，李渊决定沿着刘邦的成功之路前进。大业十三年（617）五月，李渊栽赃杀掉杨广安插在太原监视他的副留守王威、高君雅，脱离杨氏政权。然而他在进一步行动前，谨慎行事，妥善处理各方关系，充分显示了他政治上的成熟老练。

李渊北结突厥，他遣使向突厥称臣，请求支援，答应“若入长安，民众土地入唐公（李渊封爵），金玉缯帛归突厥”。李渊解除了后顾之忧，又得突厥骑兵援助，为他夺取长安创造了极为有利的条件。

李渊又南联李密，他传书李密，愿与结盟。李密心高气傲，当即要李渊到河内（今河南沁阳）当面会谈。李渊是想利用李密将关东通往关中的道路阻住，使江都的信使不通，又让李密为自己把东都的官军拖住，以便他南下西征。于是回信李密，故作姿态，拥戴李密，希望他早登帝位，自己只想攀龙附凤而已。看来三十多岁的李密毕竟年轻，难免幼稚，竟把谎言当真，还向他的部下公开宣布，有“唐公见推，天下不足定矣”！而实际情况是，危机正在一步步向他逼近。

接着具体分析形势：东尽大海，南迄江淮，所有的民众都纷纷响应反对杨广暴政。李渊起兵晋阳（今山西太原），关中父老，千里犒师；元宝藏取黎阳，河北人民都歌唱从疾苦中获得了新生。隋唐时期，河南各郡都归附了李密，只有荥阳太守郇王杨庆、梁郡太守杨汪还在替隋朝防守城池。

作为文学记室的魏徵，替李密写信招抚郇王杨庆，为他分析时势，陈述利害。此信义正词严，引经据典，条分缕析，很有针对性，极具说服力。信上说，您的家世原本在山东，本姓郭，而不是杨氏一族。以前杨庆的祖父元孙早年丧父，跟着母亲郭氏在他舅舅的家族里生活，后来隋武元帝杨忠随从周文帝在关中起兵，当时元孙在邺城，担心被北齐的高氏杀掉，于是冒用了舅舅的郭姓，一直用了很久，才躲过一劫，所以李密说他不姓杨。

杨庆收到李密的信很惶恐，立刻开城门，举全郡投降，又恢复了郭姓，这充分显示了魏徵的雄辩高才。而这时的李密，表面上声威赫赫，其实是回光返照，潜在危机正在逐步变为现实。

李密在与人生死拼杀，李渊则在太原不动声色地紧张行动。五月杀王威、高君雅，七月誓师，率兵三万南下西征，一路顺利进军，至十一月不战而据长安，兵众至二十余万。而李渊仍打着尊隋旗号，立十三岁的代王杨侑为皇帝，以杨广为太上皇，自封大丞相，晋爵唐王，掌握一切军政大权。这样安排李渊本人都承认是掩耳盗铃，但有利于争取效忠隋室的官员，减少反抗。于是东自商洛（今陕西丹凤），南至巴蜀，郡县长吏和反杨广暴政的义军首领以及氐、羌酋长均纷纷请降，李渊便不战就控制了关中及巴蜀。关中四塞，形胜之地，带河阻山，地势便利，凭借这样的形势进军关东，就像居住在高屋之上倒下瓶水，直流无阻而下；又像与人搏斗，不掐住他喉咙，不按住他的脊背不能取得全胜，而占据关中，就是掐住了天下的喉咙，按住了脊背。巴蜀形势险要，有广阔的肥沃土地，是自然资源十分丰富的地区，汉高祖刘邦就是依靠它取得天下的。

现李渊既占据了关中，又拥有巴蜀，使局势骤然发生重大变化，无论是隋官投降还是义军归附，都更多投向李渊。

二、劝服李勣

武德元年（618）三月，杨广在江都被他的卫队将领杀死，秦王杨浩（杨坚三子杨俊之子）被立为傀儡皇帝，右屯卫将军宇文化及自称大丞相，总领各种政务。一代暴君，众叛亲离，罪有应得，死有余辜。然而，杨广被杀，也使局势更加混乱，群雄逐鹿，又添了一个有力的竞争者宇文化及。

宇文化及本是长安臭名昭著的轻薄公子，生性凶恶狠毒，一味追求声色犬马，无才缺德，只因其父宇文述曾助杨广夺嫡有功，拜左卫大将军（禁卫军最高将领）、许国公，宇文化及靠父亲的荫庇，受到杨广宠幸，得为右卫屯将军，然生来蠢笨胆怯，本不敢有非分之想。武贲郎将（诸卫屯将军的副佐）司马德戡等告知欲起事时，他吓得脸色都变了，周身冒冷汗。三月十一日起事那天，一大清早司马德戡派人去接他，其时已将杨广逮捕，而宇文化及还不知道，害怕得直发抖，一句话说不出来。宇文化及到了皇城大门，司马德戡出来接他，得知大事已成，才壮起胆来，声言立即处死杨广。宇文化及是一个地道的花花公子，如今被拥立为大丞相，主要是因为在起事人中他官阶最高。宇文化及本人虽不怎样，但现在他掌握的是十几万禁卫军，坚甲利兵，无与伦比。他拥有杨广聚敛的无数金玉珍奇宝货，又接管了国家机器，自然也是一支不容忽视的力量。这支队伍的士兵，几乎全是关中人，他们支持反叛杨广，就是想回故土，不愿跟杨广流落他乡。杀杨广后，他们的进军方向必然是东都和关中。

武德元年（618）五月，杨广被杀的消息传到长安，李渊即逼杨侑让位。五月二十日，李渊正式登上皇位，国号唐，史称唐高祖。四天之后，东都留守官员也奉越王杨侗为皇帝。十月，当大唐帝国刚刚建立五个月的时候，魏徵以归降的俘虏身份，首次进入了首都长安。当初李密在入关归唐前，曾有过较美好的期待。他虽然也是以败将身份降唐，但认为自己曾经拥众百万，在山东一带的广大地盘上，也是个称王称霸的盖世豪杰。而今“解甲归唐”，山东连城数百，知我在此，也会归顺，就像汉代的窦融一样，功勋绝对小不了。李渊念我功勋和身份，谅他也不会小瞧我，最起码也得给我个宰相当。可是，等他到了长安，入见李渊后，却只被授予一个光禄卿的官职。这是李密万万没有想到的，大失所望之后，他又萌生叛唐之心。后来，李密主动请求以本部兵往黎阳去招抚过去的部下，李渊欣然同意。朝中群臣多劝谏："李密狡猾好叛，如今让他东去，恰似投鱼入水、放虎归山，必一去不返，成为我大唐的劲敌了。"李渊不以为然。于是，李密与心腹旧友王伯当和贾润甫迅速离开了长安，直奔桃林县。他们杀掉县令，占据县城，掳掠了许多人口、财物和畜产，顺着南山往东逃窜，准备先到瓦岗旧部张善相（现为刺史）那里，暂时栖身，然后恢复旧帜，重聚力量，以图东山再起。可是，当他们一行路经熊耳山时，被熊州行军总管盛彦师埋伏击败，李密和王伯当就地毙命，他俩的首级被割下来，送往长安，向皇上报功奏捷。从李密起兵到此，总计六年，一代枭雄的一生，就这样悲壮地结束了。

李密叛逃事件发生之时，魏徵正默默无闻地待在首都长安，等到平定了事件后，可能是由此开展了对瓦岗旧部进行大清查的活动。于是，几乎被人遗忘的魏徵接到唐高祖李渊的召见命令，他以为被处置的时刻已经来临，便做好了赴死的准备，与战友们挥泪诀别。不料进宫谒见之后，皇上并没有让他去死，而是安抚有加，并以极大的信任派他去黎阳招降瓦岗旧将徐世勣。魏徵深知此行是戴罪立功的性质，假如能劝服了徐世勣归降唐朝，自然是立功受奖；假如做不到这一点，那么他的命运将会与老上级李密一样，只有死路一条。然而，此时此刻，魏徵已别无选择，在这生死关头，他只能孤注一掷了，希望此行能否极泰来。

魏徵以刚刚被任命的秘书丞的身份启程了。他骑着马，疲惫不堪地在崎岖的山路奔波了数天以后，终于来到了黎阳（今河南浚县），要面对决定他命运的对手徐世勣了。魏徵没有十足的把握能说服这位骁勇善战的农民起义军首领，心中十分忐忑不安。

徐世勣，就是后来唐朝赫赫有名的大将李勣。他本名徐世勣，后来因归降唐朝，且战功卓著，被赐姓李，又因“世”字犯唐太宗名讳，所以改单名叫李勣。李勣是山东曹州离狐（今山东东明）人，出身于一个大地主家庭，家多财产，乐善好施，经常赈济贫民，故而在家乡树有较高的声望。隋末农民战争爆发后，他年仅十七岁，跟随翟让举兵造反，首次与隋军交战，就斩杀了大将张须陀，从此声名大振。隋炀帝大业十二年（616），李密来到了瓦岗寨。李密出身望族，很有才能，在他的策划和指挥下，取得了荥阳大海寺战役的胜利，又攻下了兴洛仓，立下许多战功。李勣与王伯当等商量，说服翟让公推李密为瓦岗寨起义军的首领。李密建立了农民政权后，李勣被封为右武侯大将军、东海郡公。在李勣的建议下，瓦岗军先后打败王世充和宇文化及，兵力发展到二十万人。唐高祖武德二年（619），李密归降唐朝后，瓦岗军所控制的山东广大地区仍然由李勣占据着。为了表示对李密的耿耿忠心，李勣将所占据的所有州县的户籍、田册名单一齐送给李密，让李密去交给唐高祖李渊。唐高祖对李勣的行为大加赞赏，于是下诏授李勣为黎阳总管、上柱国，封莱国公，后又改封曹国公，加授右武侯大将军，赐姓李氏，命李勣率兵总理河南、山东前线军务，负责消灭王世充。当驻扎在黎阳的李勣听说李密叛唐被杀的消息后，非常哀痛，为昔日的领袖身首异处、尸抛野岭而失声恸哭。他不避嫌疑，不顾个人安危，上表请求收葬李密。李渊被他的忠诚和义气所感动，欣然同意。李勣便将李密的尸体从熊耳山山沟中取回，盛敛入棺，并且披麻戴孝，率领全军沉痛地追悼李密，为他送葬。不久，河北起义军领袖窦建德率领大军进攻李勣，李勣寡不敌众，力屈而降，窦建德抓住李勣的父亲李盖为人质，令李勣归降自己，驻扎在黎阳，以抗拒唐军东进。

魏徵所要劝降的李勣，正是由于以上背景，眼下作为窦建德的部下，正驻军在黎阳。在对李勣的经历和目前的时局作了一番周密的调查和分析之后，魏徵渐渐有了信心，他自信李勣是可以被说服归唐的。于是，他从容地写了一封信，寄给李勣。信中如此分析：

自从隋末天下大乱以来，群雄竞起，角力争强，跨州连郡，不可胜数。魏公李密反叛隋炀帝，奋臂一呼，四方响应，万里风驰，云合雾聚，很快有了数十万之众。大军的威力影响了半个天下，在洛口大败王世充，在黎山摧毁宇文化及，那个时候，瓦岗军真是傲视群雄，势不可当。正当西进关中，直捣京师，扬大旗于西北，饮战马于渭川之际，瓦岗军却迅速由盛转衰，昔日有百战百胜威风的李密，转眼间成了奔投关中的败将战俘。看来，天下政权的归属，是自有天定的，而不是靠任何武人凭力气拼搏得到的。所以李密深知这层道理，感到上帝所认定的天子在西方，是唐帝李渊，而不是他李密，于是便毫不犹豫地率部入关，归服了大唐。徐世勣先生，您生于天下扰攘之时，对昔日的战友和领袖怀有深厚的情义，这是可以理解的。在主子已归降的严峻关头，您还能坚持到底，纠合残部，坚守一方，这种大无畏的气概和坚韧不拔的意志，更令我钦佩和感动。因为有了您，王世充尽管是乘胜之军，也停止了东进行动；窦建德由于怕与您硬碰硬而吃败仗，也不敢南下。这些足以证明您的威名和势力，对时局产生了重大的影响，在各派势力中占了沉甸甸的分量。然而，有多少人开始是非常了不起的人物，威风一时，不可一世，可有几个人能够有较好的结局？如今，您的选择，关系到未来的安危命运。若是将您的雄兵和重镇委托在大唐帝国身上，前途是极光明的，您及亲戚九族都将荣华富贵，子孙享福无尽；若您选择错了道路，跟随了窦建德，那么前途将是黑暗的，别说亲眷子孙，恐怕您自己的性命也难保住啊！历史上类似的教训很多，您也应该很明白。目前您处于兵家必争的要塞之地，应迅速做出决定，当机立断，而不应再犹豫迟疑，错失良机。倘若当断不断，坐观成败，恐有些凶狡之辈，先下手为强，那么您就被动了，您的一生恐怕就从此葬送了。

李勣收到这封信，认真地看过数次，被魏徵合情合理的分析所打动，毅然决定率部归唐，并且立即开仓运粮，支援正在河南打仗的李世民的叔父、淮南王李神通的军队。正当魏徵欣喜万分地庆幸自己完成使命，大功告成之时，不料风云突变，窦建德带领河北起义军打到黎阳，一夜之间，县城被占领，准备回长安复命的魏徵，行装已打点好，正准备突围出城，但还是被河北农民军抓获，落入窦建德的手中。

三、屈身夏王

窦建德俘虏了魏徵后，对他反叛瓦岗军，并且充当唐朝皇帝的说客，先后劝服了元宝藏部队和李勣部队的行为，大为恼恨，本想立即杀死他而后快，但部下苦苦劝说窦建德，请他念在魏徵昔日追随反隋义军，如今降唐也不是他做的主，有迫不得已的苦衷，况且他才华出众，足智多谋，能言善辩，留他在农民军中，肯定会有大用。窦建德便饶了魏徵一死，转而好言慰抚，把他留在军中，并任命他为起居舍人，掌记录日常行动与国家大事。

窦建德在当时也是个名震天下的大豪杰。他出生于北周武帝建德二年（573），故取名建德。窦家世代务农，他少年时有胆识，有勇力，讲义重信，在乡间颇有名声。他当过里长，仗义疏财，也犯过法，他的乡亲孙安祖被兵役逼得造反一事，牵连到窦建德，官府杀掉了他的家属，这样，窦建德也忍无可忍，带着二百多被强行征来的新兵一起举起义旗，投奔高鸡泊起义军首领高士达，任司兵。大业十二年（616），窦建德被提升为军司马，率兵击杀涿郡留守郭徇。后来，高鸡泊起义军的首领们，有的在内部火拼中死去，有的跟隋军交战时牺牲，窦建德得以脱颖而出，受到大家的拥戴。尤其是他凭借军事才能，不失时机地攻占了饶阳，收编余部，安葬阵亡的农民军将士，使得士气大振，不久发展到十几万人，攻占了河北地区的许多郡县，他一跃成为河北起义军的总首领。大业十三年（617），窦建德在乐寿（今河北献县）称长乐王，改年号为丁丑，建立官职，逐渐有了立国规模。次年，在取得了隋末农民战争中著名的河间（今属河北）“七里井大捷”后，窦建德称夏王，建国号为夏，改年号为五凤，建都于乐寿，后迁都洺州（今河北永年），杀掉称帝的宇文化及，威震全国。从此以后，全国形成了三大势力，除窦建德的河北政权外，河南地区有王世充占据洛阳，建国号为郑，关中的李渊也称帝，建国号为唐。三个方面都在隋朝灭亡后，决心要与对手一较高低，争夺天下。

魏徵就是在这种局势下，在黎阳被窦建德所俘，从而成为河北割据势力——夏国的一名中层官员。

四、虎牢之战

李渊在相继消灭了威胁关中的薛举父子、李轨、刘武周后，可以集中精力经营山东了。武德三年（620）七月，命令次子秦王李世民率军进攻王世充。为了各个击破，他仿效秦始皇灭六国的故事，也采取远交近攻的策略，遣使与窦建德修好，窦建德送回了同安公主和李神通，而魏徵则仍为窦建德所控制。李世民逼近东都，河南州县不断请降，王世充日渐窘迫，遂向窦建德求援。

窦建德与王世充是唐王朝东征天下时所面临的两大强敌。李世民率大军出关东征时，窦建德如果与王世充联合抵抗，李世民是难以取胜的。然而，窦建德为了铲除幽州罗艺和周桥城孟海公的势力，却听任李世民对王世充用兵。武德三年（620）年底，王世充在危难中派人向窦建德求救，然而窦建德此时却渡河攻击孟海公，未能出兵援助王世充。窦建德的中书舍人刘斌为此曾向他劝谏说：“今唐有关内，郑有河南，夏居河北，此鼎足相持之势也。闻唐兵悉众攻郑，首尾二年，郑势日蹙而唐兵不懈。唐强郑弱，其势必破郑，郑破则夏有齿寒之忧。为大王计者，莫若救郑，郑拒其内，夏攻其外，破之必矣，若却唐保郑，此常保三分之势也。若唐军破后而郑可图，则因而灭之，总二国之众，乘唐军大败，京师可得而有，此太平之基也。”

刘斌对形势和利害的分析是颇有道理的，他的及时救助王世充的建议，也是正确的，窦建德也曾高兴地说：“此良策矣！”然而，为攻击孟海公，窦建德并没有把这一“良策”立即付诸实施。

武德四年（621）二月，窦建德攻克周桥，俘虏孟海公。三月，窦建德留其将领范愿守曹州，率大军西救洛阳。然而，此时王世充的军事实力已大为削弱，洛阳城中又缺乏军粮，形势远不如前。尽管如此，窦建德此时毕竟拥有很强的军事实力，又乘着对罗艺、孟海公、徐圆朗作战的胜利，无后顾之忧，将士士气高涨，后方粮草的供给又颇有保障，因此窦建德救援洛阳的大军，在西进路上接连攻克了许多城池。

窦建德的大军到达滑州（今河南滑县），王世充的行台仆射韩洪开门纳之，窦军又进逼元州、梁州、管州，一一攻陷，接着又攻陷荥阳（今河南荥阳）、阳翟（今河南禹州），“水陆并进，汎舟运粮，溯河西上”。王世充的弟弟王世辩（徐州行台尚书令）派将领郭士衡率兵数千人与窦建德的军队会合，共用兵十余万，号称三十万，驻扎在成皋（今河南荥阳），筑宫于板渚。面对窦建德来势汹汹的大军，李世民的将领中产生了分歧。在窦建德的军队到达河南之前，窦建德曾写信给李世民，请唐军“退至潼关，返郑侵地，复修前好”。为此，李世民召集将领商议对策。郭孝恪说：“世充穷蹙，垂将面缚，建德远来助之，此天意欲两亡之也，宜据虎牢之险以拒之，伺间而动，破之必矣！”

记室薛收赞同郭孝恪的意见，并进一步阐述说：“世充保据东都。府库充实，所将之兵，皆江淮精锐，即日之患，但乏粮食耳。以是之故，为我所持，求战不得，守则难久。建德亲帅大众，远来赴援，亦当极其精锐。若纵之至此，两寇合从，转河北之粟以馈洛阳，则战争方始，偃兵无日，混一之期，殊未有涯。今宜分兵守洛阳，深沟高垒，世充出兵，慎勿与战，大王亲帅骁锐，先据成皋，厉兵训士，以待其至，以逸待劳，决可克也。建德既破，世充自下，不过二旬，两主就缚矣！”（《资治通鉴·唐纪》）

李世民认为薛收讲得很对，但萧瑀、屈突通、封德彝却提出不同的意见，他们说道：“吾兵疲老，世充凭守坚城，未易猝拔。

建德乘胜而来，锋锐气盛，吾腹背受敌，非完策也，不若退保新安，以承其弊。”(《资治通鉴·唐纪》)

针对两种不同的意见，李世民说道：“世充兵摧食尽，上下离心，不烦力攻，可以坐克。建德新破海公，将骄卒惰，吾据虎牢，扼其咽喉。彼若冒险争锋，吾取之甚易，若狐疑不战，旬月之间，世充自溃。城破兵强，气势百倍，一举两克，在此行矣。若不速进，贼入虎牢，诸城新附，必不能守；两贼并力，其势必强，何弊之承？吾计决矣。”(《资治通鉴·唐纪》)薛收的作战方案如实地分析了敌我双方的形势，承认敌人所拥有的实力和优势，认为这是一场恶战，不可侥幸以求速胜。然而，他又提出了分兵出击，“深沟高垒”“以逸待劳”，特别是要抢先占据虎牢，形势将向有利的方向转化。李世民采纳了薛收的合理建议，决定立即出兵占据虎牢。

屈突通等人又向李世民请求解除洛阳之围，退兵新安，“据险以观其变”。李世民不予采纳，于是将部队分成两部分，令屈突通等人协助齐王李元吉继续围困东都洛阳，而李世民则率领骁勇三千五百人直取虎牢。当时，王世充登城望见唐军有一支人马向东移动，但不知唐军的意图如何，竟不敢从城中出兵采取行动。

抢占虎牢，可以隔断王世充与窦建德之间的联系，因此，李世民与窦建德谁能抢先占领虎牢，对双方交战后的战局十分重要。事实表明，李世民的积极作战方针是正确的，如果消极退却，势必促成王世充、窦建德两支军事力量联合作战，形势对唐军将极为不利，而以抢占虎牢为首要目标的积极方针，则有利于分裂王世充和窦建德，以便集中力量首先打败强敌窦建德，然后各个击破。关键时刻的英明决策，再次显示出李世民善于采纳正确意见，独具战略家的胆识和雄才大略。

李世民所率领的这支东进部队，路经河阳（今河南孟州）、巩县（今河南巩义），到达虎牢。虎牢守将沈悦请求献城而降，李勣于夜间“潜兵接应”，终于攻克虎牢。李世民率大军进驻虎牢，抢先占据虎牢使李世民在战略上获得了主动地位。窦建德对唐军的实力和李世民的指挥才能深有所知，因而在李世民抢先占领虎牢，摆出一副进攻的姿态后，他小心谨慎，不肯轻易出战。窦建德的军队距离后方很近，粮草供应方便；而唐军却远离关中与河东，粮草接济不如敌方便利，加之又与王世充的军队对峙、交战半年有余，利于速决。可见，窦建德所采取的小心谨慎、拖延时间以捕捉战机的作战方针，无疑是正确的。

武德四年（621）三月，李世民为诱使窦建德的主力出营决战，亲率五百名精锐骑兵，出虎牢东二十余里，窥视窦建德的军营，沿路分别留下骑兵，使令李勣、程知节、秦叔宝分别率领，埋伏在道旁，自己只带领四名骑兵向窦建德军营前进。随行的将领有善于使槊的猛将尉迟敬德，而李世民则是善于使用弓箭，行进中，李世民对尉迟敬德说："吾执弓矢，公执槊相随，虽百万众若我何！"

在距离窦建德兵营三里处，窦建德的巡逻骑兵遇见李世民，误以为是自己的侦察兵。李世民大声说道："我秦王也！"于是张弓射箭，击毙敌兵一将。窦建德军营大惊，出动五六千名骑兵追逐，随行人员都惊慌失色。李世民让几名随行骑兵先行，他与尉迟敬德在后。于是，李世民与尉迟敬德"按辔徐行，追骑将至，则引弓射之，辄毙一人。追者惧而止，止而复来，如是再三，每来必有毙者，李世民前后射杀数人，尉迟敬德杀十许人，追者不敢复逼"。就这样，李世民用犹豫徘徊、欲行又止、逐渐退却的方式将敌人骑兵引诱到伏击圈内，李勣等人率领伏兵奋起攻击，大破敌军，斩首三百余，俘获敌军骁将殷秋、石瓒等回归虎牢。当然，这次伏击后窦建德的主力并无损伤，但是俘虏敌军骁将却使敌军士气受挫。这时，李世民又写书信向窦建德劝说，陈述不该救助王世充的道理，对窦建德进行攻心战。书信说："赵、魏之地，久为我有，为足下所侵夺。但以淮安见礼，公主得归，故相与坦怀释怨。世充顷与足下修好，已尝反复，今亡在朝夕，更饰辞相诱，足下乃以三军之众，仰哺他人，千金之资，坐供外费，良非上策。今前茅相遇，彼遽崩摧；郊劳未通，能无怀愧。故抑止锋锐，冀闻择善；若不获命，恐后悔且难追矣，幸足下垂察焉！"(《资治通鉴·唐纪》)

窦建德的大军被遏止在虎牢以东，不能西进。一个多月的时间过去了，几次小规模的交锋都以失利告终，主力又不敢轻易出营与唐军决战，军中的将士多思乡欲归。李世民派王君廓率轻骑兵袭击运粮士兵，俘获窦建德的大将张青特。窦建德的大军不能越虎牢西行，他的谋士凌敬向他提出了渡河进攻山西的作战方案。凌敬说："大王悉兵济河，攻取怀州、河阳，使重将守之，更鸣鼓建旗，逾太行，入上党，徇汾、晋，趣蒲津，如此有三利：一则蹈无人之境，取胜可以万全；二则拓地收众，形势益强；三则关中震骇，郑围自解。为今之策，无以易此。"

凌敬的战略设想无疑是高明的，如果付诸实施，唐军因抢先占据虎牢而获得的优势将立即化为乌有，而窦建德大军的“入上党，徇汾、晋”，又势必震动关中，使李世民不得不回师西救，处于被动地位，洛阳之围将自动解除；而窦建德军队北渡黄河向山西进军，可立即摆脱在虎牢之东不得西进的被动局面，使自己处于主动的有利地位。总之，在李世民与窦建德虎牢相持的局势中，如果按凌敬的方案走北上进攻山西的这步棋，整个战局对于窦建德来说，可以因此而进退自如，步步主动有利。窦建德也认为凌敬的方案可行，想要听从，然而王世充却认识不到这一方针可使洛阳之围自动解除，他像快要淹死的人抓住一根稻草那样，以为窦建德一旦在虎牢前线渡河攻取山西，自己将立即被淹死。为此，他接连派使者请求窦建德不要放弃直接救援洛阳的作战方案；又暗中用重金贿赂窦建德的部将，阻挠凌敬作战方案的实施。接受了贿赂的将领们向窦建德说：“凌敬书生，安知战事，其言岂可用也？”

窦建德听取了将领们的话，又改变了主意，便对凌敬说：“今众心甚锐，天赞我也。因之决战，必将大捷，不得从公言。”

凌敬在窦建德面前据理力争，窦建德为此而发怒，令左右将凌敬从军帐中拖出帐外。窦建德的妻子曹氏赞同凌敬的方案，她见事关全局，便向丈夫进言说："祭酒（即凌敬）之言不可违也。今大王自滏口乘唐国之虚，连营渐进以取山北，又因突厥西抄关中，唐必还师自救，郑围何忧不解！若屯兵于此，劳师费财，欲求成功，在于何日？"窦建德听不进妻子曹氏的良言，说道："此非女子所知！吾来救郑，郑今倒悬，亡在朝夕，吾乃舍之而去，是畏敌而弃信也，不可。"

在隋末争夺天下的角逐之中，王世充与窦建德虽然拥有强大的军事实力和广阔的地盘，但两者缺乏远大的政治眼光和战略才能，二人或以勇猛善战著称，或者善于以小恩小惠争取将士与百姓之心，在决定命运的生死关头，一个是至死抓住救命稻草不放，一个是被告急者的涕泣和守信观念所困惑。在李世民与王世充、窦建德的生死决战时刻，凌敬的方案对于王、窦两支势力来说，可谓是天赐的一线生机，然而他们却执迷不悟，拒不采纳。同李世民的善于纳谏（如采纳郭孝恪、薛收的建议分兵两路、抢先占据虎牢）和善于驾驭战争全局相比，王世充、窦建德实属目光短浅，强大的军事实力在王、窦二人手中发挥不出应有的威力，毫不理解与拒不采纳凌敬建议一事表明，王、窦二人自取灭亡的命运已经是注定的了。

两军对峙之时，一份军事情报的获得加速了窦建德、王世充的灭亡进程。唐军的谍报人员获得了“建德伺唐军刍尽，牧马于河北，将袭虎牢”的确切情报。对于这一情报的获得，李世民高兴万分，他决定将计就计，把窦建德的主力从板渚的军营中引诱出来，聚而歼之。

武德四年（621）五月，李世民率兵北渡黄河，南临广武，察看敌军形势，同时将千余匹战马留在黄河北岸的河边放牧，诱使敌军出营，至傍晚时返回虎牢。

次日，窦建德果然倾巢出动，自板渚出兵到牛口布阵，由北至南，横亘二十里，鼓噪行进。唐军众将领见窦建德所布下的军阵气势浩大，兵马漫山遍野，依山傍水，都有些恐惧。李世民见此情景，率数名骑兵登上高丘观望敌人军阵，然后向众将领鼓舞士气，说道：“贼起山东，未尝见大敌，今度险而嚣，是无纪律，逼城而陈，有轻我心；我按甲不出，彼勇气自衰，陈久卒饥，势将自退，追而击之，无不克者。与公等约，甫过日中，必破之矣！”

面对来势汹汹的敌人，李世民的“我按甲不出，彼勇气自衰”的策略是正确的。窦建德对唐军有轻蔑之意，派三百名骑兵向西渡过汜水，距唐军兵营一里处停止前进。窦建德派使者向李世民军中传话："请选锐士数百名出营交战。"李世民派王君廓选两百名手持长槊的锐士出营交战。交战后，唐军忽进忽退，双方均无胜负，各自引兵而还。窦建德的部将王琬乘坐隋炀帝的骡马，铠仗甚鲜，到阵前夸耀示众。李世民望见后说道："彼所乘真良马也！"尉迟敬德听统帅夸奖战马，便请求出阵夺取。他与高甑生、梁建方三骑出阵将王琬擒拿过来，引战马驰归回营。敌阵的将士被尉迟敬德等三人擒将夺马的举动惊呆了，无人敢于上前抵挡。李世民下令将散放在黄河北岸的战马召回，待战马全部回营后再与敌军交战。

窦建德自清晨布阵完毕，直到中午时分唐军主力仍不出阵交战。军阵中的将士，紧张了半天，此时都颇感饥饿疲倦，队形开始混乱，将士们争着饮水，犹豫徘徊，想要退却。李世民抓住敌阵松弛懈怠的时机，命令宇文士及率三百名轻骑经窦建德军阵的西侧疾驰南上，并告诫他，若敌兵不动，应引兵归营；若敌兵出动，则引兵东出。

宇文士及率骑兵到达敌阵前沿，敌兵果然出动。李世民下令全军出动。此时，河边的战马已经回到阵前，勇士们登上战马，人人奋勇向前。李世民率轻骑兵率先冲出阵中，大军随即出动，东渡汜水，直逼敌阵。窦建德的群臣正在向他朝见，唐军的骑兵突然而至，窦建德召骑兵向前抵御唐军，因中间有朝臣的阻隔，他的骑兵无法向前。形势紧张，窦建德挥手令朝臣退却，就在这进退之际，唐兵已经到达。窘迫之中，窦建德的军队退依东坡，引兵进击交战。李世民率骑兵前往救援，所向披靡。交战中，只见淮阳王李道玄多次挺身杀入敌阵，再入再出，身上被射中的箭羽多如猬毛，他仍旧是勇气不衰，用箭向敌人射击，中箭者无不应弦而倒。李世民为李道玄换了一匹战马，令他随从自己作战。在李世民、李道玄的带领下，敌我双方的主力部队都投入了战斗，二十余里长的战场上，只见“尘埃涨天”，人马的呼喊声震撼着整个大地。此次战役规模之宏大、程度之激烈以及双方投入的兵员之多，实为隋末以来历次战役中前所未见。

李世民在夺得战役的主动权后，率史大奈、程知节、秦叔宝、宇文歆等人卷旗而入，从敌军的阵后杀出，部署唐军旗帜。窦建德的将士回头见自己军阵的后面都已张出唐军的旗帜，知道大势已去，军阵顿时溃散，唐军乘胜追击三十里，斩首三千余人，窦建德本人也身中枪伤，逃窜到黄河与汜水合流处的牛口渚。刹那间，唐车骑将军白士让、杨武威追逐而来，窦建德坠于马下。白士让不知此人是谁，正想要举枪刺杀，窦建德在地下仰面，谓自己是夏王。白士让下马俘获窦建德，押至李世民面前，李世民责怪他说："我自讨王世充，何预汝事，而来越境，犯我兵锋！"窦建德答曰："今不自来，恐烦远取。"（《资治通鉴·唐纪》）

虎牢一战，窦建德被俘，大军全部溃散，俘获五万人。李世民当即将俘虏遣散，令他们各自还归乡里。窦建德全军覆没，洛阳城中的王世充已成为瓮中之鳖，关东再无强敌可击。

虎牢战败，窦建德的妻子曹氏与左仆射齐善行率领数百名骑兵逃回洺川（今河北永年）。李世民囚窦建德等人来到洛阳宫城之下，令王世充自城上观看。王世充在城上与城下的窦建德交谈，哭泣不止。李世民令王世充的长孙安世"入城言败状"，王世充召诸将商议突围，诸将不肯，王世充不得已"素服率其太子、群臣二千余人诣军门降"。李世民东征王世充、窦建德获得了胜利。至此，与李渊争夺天下的劲敌均被歼灭，再无人能与他竞争了。

武德四年（621）五月，窦建德被歼后，魏徵回到长安。他在窦建德处一年半，其间有无活动，现无只言片语可证。或许史籍失载，然更多可能是他屈身于窦建德，任起居舍人是违心的，不得已而为之，不愿有所作为。正是这样，他才有可能回到唐王朝不仅没受到任何追究，而且立即被重新任用。在一年多的时间内，魏徵于窦氏未谋一策，未进一言，是不用怀疑的。不然的话，以他的个性，以他的才识，在重大问题上，处生死存亡的紧要关头，他不可能冷眼旁观、无动于衷。如窦建德与李世民决战之日，窦军布阵所经之处皆为险要之地，仍喧嚣不已，足见部队没有纪律，又临城布阵，未免轻敌，恶战在即，麻痹大意，这是致命之弊，而魏徵视若未见，一言不发。李世民根据“一鼓作气，再而衰，三而竭”的原理，先勒兵不出，蓄力待发，等敌筋疲力尽时，一锤定音，全歼强敌。

魏徵对窦建德的态度清楚地表明，他要事奉的是明主，非明主则不愿效力，对杨广如此，对窦建德也是如此。杨广不足论，窦建德尊重人才，也有政治头脑，本来是可以获取魏徵倾心的，而他的根本问题是文化素质不高，目光短浅，缺乏经营天下的气度。同时，窦建德又不辨是非，昧于识人，像大将王伏宝，勇猛而有谋略，军中无出其右，却遭人嫉妒，被诬陷谋反，窦建德听信谗言，将他杀害，这岂不是自断左右？纳言宋正本好直谏，也因此遭谗被害。魏徵深知，以自己的刚直，很难容于窦氏，所以他只好韬晦，隐以待时。

第五章

宫廷之争

一、二次归唐

魏徵前后在李密、窦建德这两支农民起义军中生活了两年多，亲身体验到农民的反抗精神和巨大的力量，了解到广大农民的悲惨生活和推翻封建统治的强烈愿望，这对魏徵以后政治思想的形成产生了很大的影响。

唐武德四年（621），魏徵回到长安后，唐高祖李渊已经基本上控制了全国的局面，初步实现了统一。敌对势力只有江陵地区的小国萧铣政权和窦建德的故将刘黑闼在河北边境的游击部队，唐朝已经算是夺取了天下。朝廷中，自建国起至今的四年里，相继受到李渊信任和重用的，多半是追随他在太原起兵的故吏和旧友，如裴寂、刘文静等，也有一批原隋朝的有名文臣，如萧璃、窦威等。另外，登上宰相位置的重臣还有封德彝、陈叔达、杨恭仁、宇文士及等人。当然，真正掌握大权的，除李渊外，就要数太子李建成和秦王李世民了。李建成经常在首都长安，辅佐李渊处理军国大事。次子秦王李世民却常领兵出征，不断平定割据势力，镇压各地农民军，以扩大唐帝国的占领区，功劳巨大，威望甚高。但李建成是长子，按照宗法制度，他应是皇帝李渊的权力继承者。秦王李世民既有战功，野心也大，加之他富有极高的政治才能，所以也想当皇帝，因此他们兄弟间争夺皇位的斗争越来越激烈。在双方斗争中，齐王李元吉是站在太子一边的。他们双方为了自己的利益，都积极采取措施壮大自己、巩固自己，瓦解对方、打击对方。首先，他们各自拉拢朝中高级官员，争取他们的支持。在宰相里面，裴寂和封德彝支持太子，而陈叔达和萧璃却支持李世民。在地方上，太子李建成和秦王李世民也都设法培植自己的势力。秦王李世民在平定王世充和镇压农民军时，积极招纳山东豪杰和富有政治经验的学者文人，如房玄龄、杜如晦、温彦博、李勣、高士廉、虞世南、褚亮、姚思廉、李玄道、蔡允恭、薛元敬、颜相时，苏勖、于志宁、苏世长、薛收、李守素、陆德明、孔颖达、盖文达、许敬宗等。太子李建成在河北作战时，也极力拉拢罗艺，利用他在河北发展势力。因此，在中央政府中，太子李建成处于有利地位，而在地方势力和人才储备上，则秦王李世民要胜过一筹。

二、倾心太子

李建成和李世民之间势必会展开一场争夺皇位继承权的殊死斗争。这场斗争是当时唐朝高层政治活动的主旋律，任何人自觉或不自觉地都牵涉和卷入这场斗争中来。在这场博弈中，以李世民为一方，以李建成、李元吉为另一方形成了对垒形势。魏徵选择了太子李建成。其原因分析如下：

第一，李建成早已被立为太子，唐高祖李渊虽然这几年在李建成和李世民的选择上常常处于两难之间，但他毕竟没有明确表示过废掉李建成而另立太子的意图，而嫡长子继位又属名正言顺，所以一般无特殊政治背景的人，把赌注下在李建成一边，是非常自然的，而且觉得把握更大一些。

第二，李世民手下虽然有很多骁将精卒，但东宫和齐王府联合起来，与秦王府较量，再加上李渊倾向于太子，他们在力量上应处于绝对的优势。

第三，据史料记载，站在李建成、李元吉一边的还有其他许多小王的母亲，如唐高祖正宠爱着的张婕妤、尹德妃等。《资治通鉴·唐纪》谓李渊“晚年多小内宠，小王且二十人，其母竟交结诸长子以自固，建成与元吉曲意事诸妃嫔，谄谀赂遗，无所不至，以求媚于上”。这部分后宫势力，是绝对不可轻视和忽略的。

第四，魏徵是在黎阳劝降李勣时落入农民军首领窦建德手里的，并且在窦的手下干了近两年。而窦建德作为河北地区的最大政治军事势力，是唐朝统一天下过程中最大的对手和障碍。唐朝出入关东的主要敌人就是窦建德，唐政权与窦建德政权之间进行的大决战——虎牢关战役，是隋末战争中最大的战役之一，而唐朝进行这个战役的指挥者正是秦王李世民。换句话说，消灭窦建德、荡平河北，正是李世民的最大功勋和主要政治资本之一，那么，屈身于窦建德的魏徵不敢想象他会被李世民所容纳。即使李世民再怎么胸怀宽广，充其量对魏徵也是不计较而已。而李建成与魏徵之间就不存在这种历史的芥蒂和隔膜，况且李建成与李世民在利害关系上已势同水火，那么李建成自然而然地把魏徵拉拢过来，“甚礼之”。

第五，魏徵拥护太子李建成，有封建正统伦常观念的影响。魏徵出身于一个传统的封建士大夫家庭，自幼受儒家思想熏陶，他所认定的天地伦常秩序是“父子有亲，君臣有义，夫妇有别，长幼有序，朋友有信”。李建成是嫡长子，而且已被确立为太子，他又没有犯什么大的过失，皇上没有废除之意，就应该去维护他。如果谁的能力强一些，就可以不服从现存秩序而谋反，那就跟隋炀帝杨广的行径没有什么两样了。杨广当年就是阴谋勾结隋文帝的宠臣越国公杨素，收买太子杨勇的亲信姬妾，设计使隋文帝废黜了太子杨勇，从而夺取了皇太子的地位，然后又乘隋文帝病重，与杨素同谋登上了帝位。魏徵的道德观念中，只要不是李世民的特殊圈子中人，都会在道义上站在太子李建成这一边。

第六，不管魏徵自已愿意与否，他都无法与李世民阵营联系在一起。一方面是由于魏徵没有任何关系和渠道进入秦王的圈子，另一方面是秦王府没有用他的必要性。李世民各方面的人才都很多，而且质量均很高，关系又极深厚可靠。且不说完全令秦王放心的长孙无忌、高士廉等人，他们分别是李世民的妻兄和舅父，当然是最可信赖的人。即使没有这层亲缘人际关系的其他文士武将，也个个与李世民的关系非同一般，像房玄龄、杜如晦、尉迟敬德、程知节、段志玄、侯君集等，他们都是李世民的亲信。此时，陌生的文人魏徵，难以融入人才济济的秦王集团，顺其自然地选择了太子李建成，并尽心辅助。所以，魏徵就这样身不由己地卷入了唐朝最高权力斗争的旋涡之中。

这场斗争由唐高祖武德四年（621）拉开序幕，到后来愈演愈烈，直至武德九年（626）发展成为宫门喋血的武装政变，长达五年之久。

三、尽心建成

魏徵进入太子东宫之后，召为洗马，掌管图书典籍。按照他的性格和为人处世原则，开始了他兢兢业业的本职工作，而且他不怨不尤，在宫中的司经局里，将太子的所有图书典籍整理收拾得有条不紊，随时恭候着太子的阅读和查询。短短几个月后，宫中图籍一扫封尘，粲然可观。李建成十分欣赏魏徵的勤勉和能力，更喜欢魏徵的渊涵睿智。魏徵自知官位小，在太子府地位上不可能经常陪侍太子左右，更难以参加太子府的重大决策，但如今在太子麾下，他一定把出谋划策当成分内职责。所以，只要李建成来到司经局，魏徵总是全身心投入地接待他。日理万机而且忧心忡忡的李建成，当然不是来这里优哉游哉闲翻古书的，他是想从魏徵这里获得一些应付和操纵当前政局的方略和技能，满腹韬略、博通经史的魏徵当然不会令太子失望，况且他年已四十，老成持重，严谨真诚的性格和知无不言、言无不尽的作风，更使太子大生好感，日益信任。魏徵的学问很深，思谋也很丰富，而且他的谏言从不漫无边际，而是针对现实面临的矛盾，进行分析论证，然后得出明确的结论。魏徵为李建成献计献策，尽心竭力，堪称至诚。魏徵为李建成做了两件大事，均具重要意义，直接关系李建成的成败乃至存亡。

第一，答情势之问。

武德四年（621）十月，李渊以李世民战功显赫，历代所设置的官职都不足与他功绩相称，特以李世民为天策上将，领司徒并兼陕东道大行台尚书令。天策上将位在王公上，陕东道大行台管辖山东行台、总管府及各州，李世民便是陕西以东、河南、河北的最高军政官员，地位接近太子，实际权力则远远过之。不仅如此，李渊又特许秦王李世民、齐王李元吉成立护军府、左右亲事府、帐内府。亲事府、帐内府掌仪仗、陪从，诸王均有，而护军府是战斗部队，仅李世民、李元吉有之，这对李建成构成直接威胁。这时河北又发生了刘黑闼起兵之事，又为李世民、李元吉带来再立战功的机会。

刘黑闼原是窦建德部将，以善观时变、作战勇猛著称。他常潜入敌阵侦察虚实，或出敌不意，趁机奋击，多次取胜并有所缴获，故在军中号为神勇。窦建德失败后，他躲藏在漳南（今河北故城）老家，闭门不出。后窦建德被押回长安斩首，接着李渊又下令召窦建德旧部，范愿、董康买、高雅贤等进京，引起他们震惊恐惧。刘黑闼跟余部商量，王世充投降唐朝，他的将相都被消灭，今若到长安，也不会有活路。这十年来，他们身经百战，又何必吝惜这侥幸保全的生命，何不用它来干番事业呢？再说夏王（窦建德）战擒淮安王李神通，待以客礼，而唐得夏王即将其杀害，一定要替夏王报仇。于是，他们纷纷拥戴刘黑闼，起兵漳南。霎时，窦建德旧部群起响应，李渊以淮安王李神通为山东道行台尚书右仆射率兵讨伐，反遭大败，兵马军资损失三分之二。刘黑闼攻城略地，数月之间便全部恢复了窦建德原来控制的地区。

武德四年（621）十月，李世民被授天策上将，即奉命与李元吉出征。同月，李世民兼任左、右十二卫大将军，又完全掌握了禁军。武德五年（622）正月，李世民、李元吉率军到达河北，攻下沼水县城（今河北曲周），与刘黑闼军在洛水河对峙。李世民再次运用对付窦建德的战略，先按兵不动。两军相持六十余日，刘黑闼粮尽，被迫决战。李世民事前派人在洛水上游筑堰阻水，待刘黑闼来攻，决堰放水。刘黑闼突遭水淹，溃不成军，溺死数千人，刘黑闼与范愿等率三百骑兵逃往突厥，山东又重新回到唐朝管辖之下。

李世民再建功勋，李建成越发不安，他问魏徵，山东能安定下来吗？这一发问意味深长，反映了这时李建成矛盾、焦虑的复杂心态。李建成当然希望山东尽快安定、永远安定，毕竟他是太子。然而，地方无事，李世民就会回到朝廷，他再三立功，位高权重，野心勃勃，部属跃跃欲试，仅他一人就是严重威胁，又有李元吉时常跟随他出征，关系非同一般。李世民、李元吉联合，自己的储君位置会不会被人取而代之？自己该怎么办呢？他要抓住李世民的把柄，主动出击。李建成暗暗思忖，李世民作战勇猛，战功赫赫，无可求疵，但杀戮过分，未免残暴。往屠夏县（今属山西），近杀王世充已降将佐，处死窦建德，逼反刘黑闼等，皆引起惊惧。如今又独断专行，对刘黑闼部将人肆镇压，岂不是打击李世民的依据？所以他才这样问魏徵。魏徵自然清楚太子李建成所问的真正意图，他的回答既明确又肯定，充满智慧。他分析道，刘黑闼失败后，杀戮太过分，将领凡逃亡的都被公布姓名，宣布处死，他们的妻儿也被俘虏。这些人想投诚都不可能，尽管有赦令，还是一经抓获便惨遭杀戮。现在看来，如果不是大量饶恕宽容，恐怕刘黑闼余党重新啸聚在所难免，山东的老百姓不可能得到安宁。

魏徵表面上只讲情况，不及其他，而实际上却正中要害。事实表明，李世民妄自尊大，无视皇上诏令，大肆杀戮，必将引发强烈反抗，这正好给李建成提供了证据，可以据此打击李世民。李建成确实将李世民的所作所为及时上告了，所以当李世民击败刘黑闼后，正引军南下进攻响应刘黑闼起事的兖州（今山东兖州）刺史徐圆朗时，被李渊紧急召回京师，待他亲自作了解释才令他再去山东。徐圆朗尚未完全平定，李渊就让他班师，个中微妙当与李建成的动作有直接关系。从此之后，一直到玄武门之变，四年之间，李世民就很少领兵出征了，也就再无新功，其契机或由此开始。

第二，献自安之策。

山东果然未能安定，情势发展完全证实了魏徵的预见。洛水战败，刘黑闼逃往突厥，两个月后，武德五年（622）六月，在突厥支援下，又骚扰定州（今河北定县），其旧部曹湛、董买康逃亡到鲜虞（今河北新乐）聚兵响应，李渊命淮阳王李道玄为河北道行军总管征讨，刘黑闼陷瀛洲杀刺史马匡武，东盐州（今河北沧县）人马君德背叛朝廷以城归附刘黑闼。十月初一，李渊又以齐王李元吉为领军大将军、并州大总管讨伐刘黑闼，正待出发，五日贝州刺史许善护在邮县（今山东夏津县）全军覆没，观州（今河北东光县）刺史刘会也叛变归附刘黑闼。这月十七日，河北道行军总管、淮阳王李道玄轻敌冒进，在下博（今河北深州东南）与刘黑闼军相遇，兵败被杀，山东震骇。治州（今河北永年）总管庐江王李瑗弃城西逃，州县纷纷叛变归附刘黑闼，不过十天，刘黑闼尽复故地，重新占领洛州。李元吉见情况不妙，也害怕了，竟不敢进军。

在后宫的争斗中，李建成以太子的有利地位自然处于上风，但他在朝廷及地方的影响则明显不如李世民。于是魏徵便和太子中允王珪一道向李建成进言：秦王功盖天下，中外归心，殿下您只是因年长居东宫，没有重大功绩使海内心服。现今刘黑闼收集散士，士卒不足万人，缺钱少粮，以大军对付他，犹如摧枯拉朽。殿下您应当亲自率军去征讨他，以获取功绩和名声，也趁此机会结交山东英雄豪杰，或许能够保证自身平安无事。于是，李建成向父皇请求，李渊同意了他的行动计划，诏令李建成为陕东道大行台及山东道行军元帅，率领军队讨伐刘黑闼，河南、河北诸州全都受太子李建成处置，特许太子可以根据当时当地情况自行决议，不必请示。在此之前，李渊还从没给过出征统帅如此大的权力，这样一来，就极大提高了李建成的威信。

武德五年（622）十二月十八日，李建成与李元吉的大军进至昌乐（今河南南乐），刘黑闼引兵抗拒，两次布阵，都不战而罢。魏徵对李建成说道："前次打败刘黑闼，他逃亡了的将佐都被公布姓名判处死刑，其妻子儿女也被拘捕，所以齐王来的时候虽有诏令赦免刘黑闼党羽的罪行，却没有人相信。现在应当全部释放那些被拘禁的俘虏，安抚送走他们，自然可以看到刘黑闼队伍分裂瓦解。"

李建成听从了魏徵的主张，果然见效。刘黑闼部队军粮告罄，许多士兵逃亡，有的绑了他们的首领前来投降。刘黑闼害怕城里的军队出来与大军里外合击，便连夜仓皇逃走。至馆陶（今属河北），时永济桥尚未修成，无法通过，李建成、李元吉率大军跟踪而至，刘黑闼背水列阵，亲自督促修桥，待桥修成，部队刚过到桥西，队伍就散了，士兵们扔掉武器前来归降，而大军追击也只过了千余骑兵，桥便坏了，刘黑闼因此得与几百骑兵逃走。刘黑闼一路奔跑，不得休息，武德六年（623）正月，到达饶阳（今属河北）仅剩百余人，又累又饿，被他任命的饶州刺史诸葛德威诱入城中拘捕，送入李建成军中，后斩首于洺州，山东由此平定。这次出征，李建成采纳魏徵的建议，以政治瓦解为主，军事打击为辅，所用方略与李世民大不相同，而获得圆满成功，解决了李世民此前费尽周折所没能解决的问题，再次显示了他的知人善任，大大提高了他的声威，使太子形象高大起来。同时，本次出征，太子李建成将齐王李元吉争取到了自己这一边。在此之前，李元吉是紧跟李世民的，李世民也很器重李元吉。如前所述，武德四年（621）三月，李世民、李元吉围攻王世充，窦建德由河北引兵援救。李世民率骁勇三千五百人前往虎牢阻击，而将围困东都的重任交给李元吉，足见他对李元吉的信任。武德五年（622）二月，李世民击溃刘黑闼，拟南下讨伐徐圆朗，被紧急召回京师，走时也将部队交给李元吉，表明二人关系亲密。但在武德六年（623）第二次平定刘黑闼后，李元吉完全站在了李建成一边，不止一次劝李建成除掉李世民，并表示愿亲自动手。李建成、李世民、李元吉同为嫡子，各自拥兵，在李建成与李世民的争斗中，李元吉倒向谁，天平就倾向谁。而李元吉的转向，正是从李建成、李元吉一起讨刘黑闼开始，因李建成这次出征的目的之一就是要广交朋友，力争获得更多的支持者，李元吉无疑是他的首选目标。而李元吉之所以倒向李建成，也有他自己的想法。李元吉其人，勇武有力，在讨平群雄的争战中，屡次立有战功，但为人性格粗犷、放纵骄逸，声名不佳。当他发觉李建成与李世民的矛盾后，也萌发了野心。他看二哥李世民比大哥李建成精明，更难对付，所以愿与李建成联合，共图李世民。他认为，只要除掉李世民，再取东宫就易如反掌了。除李元吉外，李建成在山东也赢得了支持者。其一是庐江王李瑗。李瑗是李渊堂兄的儿子，武德元年（618）封王，曾任信州（今重庆奉节县）总管，刘黑闼二次起兵时，他任洛州总管，当淮阳王李道玄在下博战败时，他弃城西逃，李建成没追究他的责任，他由是感激。其后累迁幽州大都督，成为李建成强有力的支持者。李建成失败后，他起兵反抗，被杀。其二是罗艺。罗艺在隋时任虎贲郎将，也是禁军将领。大业十二年（616）罗艺在涿郡反隋，自称幽州总管，武德元年（618）归唐，后封燕王，赐姓李，李世民、李建成讨刘黑闼，罗艺均曾出兵参与。武德七年（624）李建成为加强自己的实力，在长安和全国招募骁勇两千余人做东宫卫士，曾让罗艺派突骑三百以充警卫，表明李建成与罗艺关系已非寻常。此前罗艺在幽州，李建成与他素无交往，二人关系的建立也是在讨刘黑闼的过程中开始的。

秦王李世民兼陕东道大行台尚书令，山东是他的势力范围，如今有了李建成的人。不仅如此，李建成平定山东已是贡献卓越，而行政宽仁，深得人心，又胜李世民一筹，太子形象粲然可观。相对地，秦王李世民则较以往逊色不少。此前，凡有重大战事，全由李世民率军出征。此后，情况便有所不同。武德六年（623）七月，突厥来犯，李渊命李建成与李世民分别领兵防备，不久，发觉突厥仅骚扰而已，又有求和之意，李建成班师，接着也让李世民撤兵，李世民就难有单独建功的机会了。看来魏徵所献的自安之策对李世民确实造成了相当沉重的打击。

四、争斗愈烈

唐朝统一天下以后，太子李建成和秦王李世民之间的矛盾日益尖锐化、明朗化。魏徵鉴于此，屡次劝说太子李建成早日除掉李世民，以绝后患。从此，李建成和李元吉合谋，采取各种手段，陷害李世民。

这一天，李世民跟随唐高祖到李元吉家。李元吉把齐王护军宇文宝召唤到密室，吩咐他事先埋伏在李世民的寝室里准备刺杀他。宇文宝转身要走，李建成说道："且慢！等以后再找机会，不宜过急。"李元吉看了他一眼，谓之与我何干，都是为你谋划！

李建成擅自招募长安及各地骁勇两千多人，组成东宫卫士，分别屯驻于左右长林，号称"牧杖兵"。他又秘密让右虞候可达志从燕王李艺那里征调幽州突骑三百，安置在东宫诸坊，用以补充东宫长上卫士，但因做事不密，被人告发，李渊责备了他，将可达志流放到陶州。

庆州都督杨文干曾是东宫宿卫，李建成和他的关系很密切，私下里让他招募壮士送到长安。这时，李渊将要巡幸仁智宫，就命李建成居长安留守，李世民、李元吉都随同前往。李建成认为这是一个千载难逢的机会，暗地里与李元吉趁机图谋李世民性命，说："安危之计，决定于今年，汝当尽力而为。"同时又密令郎将尔朱焕、校尉桥公山潜运甲仗，送给杨文干，令他迅速起兵，里呼外应。二人押解盔甲武器行至豳州时，不禁担心夜长梦多，私下商量，说："我等久受秦王的好处，如今太子不义欲加害秦王，我等不能报效秦王，又岂能助纣为虐，以遭天谴？何况路途遥远，谁又能保证不泄露消息呢？那样不仅有不义的罪名，还会招致祸患，不如我等上告天子。"谋毕，二人径向李渊告发，并请求赦免自己的罪过。李渊听罢大怒，立即派遣司农卿宇文颖驰诏杨文干。李元吉闻知，捏着一把冷汗，急忙嘱咐宇文颖传话给杨文干："大事已经泄露，望你好自珍重。天子召汝，汝等千万莫入京师。万不得已，举兵起事，有我暗中帮你。"杨文干既已得到宇文颖的传话，知道李元吉会作为后应的，于是举兵谋反，并引兵奔向宁州。

武德七年（624）七月，唐高祖李渊又亲书手诏，假借有要事要召李建成来行宫见驾。李建成大为惶恐，在屋子里转了好几圈，不敢前去。太子舍人徐师谟说道：“殿下与秦王本势同水火，如今事已败露，陛下必会怪罪，再加上秦王火上浇油，殿下岂有命在？不如固守城池，举兵议事。”詹事主簿赵弘智劝道：“不可鲁莽从事，今则虽然事之不谐，但殿下身为太子，陛下岂能不思之再三，何况有朝臣与后宫说情？再者，殿下可贬损车服，屏从者，轻骑谢罪，陛下定会宽恕。”李建成沉思半晌，最后决定去仁智宫请罪。等到距仁智宫还有六十里时，李建成把所属官员全部留下，仅带着十余骑前去面见李渊。李建成见到李渊，连连叩头，大哭道：“陛下，孩儿知罪，请陛下息怒，饶恕孩儿这一次吧！”高祖看见他，气不打一处来，痛斥说：“建成，你身为太子，未来的一国之君，心胸岂能如此狭窄？同室操戈，相煎何急？身为朝廷命官，却勾结叛贼，该当何罪？来人，把他押下去，听候发落。”左右上前押下李建成，监禁于幕下，让殿中监陈福看守。

李渊诏令左武卫将军钱九陇与灵州都督杨师道合击杨文干，同时又召秦王李世民商议此事。李世民说：“文干竟敢造反！如果地方官员不能剿灭，只要派遣一名大将前往讨伐，就能立即平定。”李渊说：“不然。杨文干谋反的事牵连到太子，恐怕响应的人很多。不如由你亲自前往征讨，事成之后，预立你为太子。我不能效法隋文帝自诛其子，只能封建成为蜀王。蜀兵脆弱，将来建成如果能事奉你，你应当保全他；不能事奉你，你攻取他也比较容易。”李世民奉命而去。

李世民走后，李元吉和嫔妃们相继为李建成说情，说：“陛下，殿下身为太子，世民屡有夺太子位之意，兄弟不和。而殿下之左右搬弄口舌，蛊惑殿下，殿下又当年轻，不明其中奥妙，被小人所乘，罪不至诛，望陛下开恩。况且殿下已有悔改之意。”封德彝又为李建成周旋，李渊怒意方解，仍命李建成还守京城，只是斥责他兄弟不睦，今后应当痛改前非，一面归罪于太子中允王珪、左卫率韦挺、天府兵曹参军杜淹，说他们搬弄是非，挑拨李建成与李世民之间的关系，把三人都流放到嶲州。

武德七年（624）七月，杨文干攻陷宁州，烧杀抢掠，无恶不作，民心大愤。等到秦王李世民的军队到达宁州时，百姓起而响应，杨文干叛军纷纷溃退。在混乱中，杨文干被部下杀死，李世民俘获宇文颖，诛之。

因屡有边患，李渊想要迁都，以躲避突厥的侵扰，秦王李世民力谏阻止。李建成和嫔妃因此事又暗中诋毁李世民，说：“突厥虽然屡为边患，但是得到贿赂以后就会撤兵的。秦王外托御寇之名，内欲掌握兵权，实现其篡夺皇位的阴谋。”

一日，李渊在长安城南狩猎，李建成、李世民、李元吉皆从。李渊命三子骑马射箭比武。李建成有一匹胡马肥壮，独喜蹶跃，于是心生一计，持辔授给李世民说：“这匹马很俊拔，能跳几十丈宽的山涧，二弟善于骑射，请试着骑上它。”李世民不知是计，就骑上这匹马追逐山鹿，忽然马尥蹶子，把李世民甩出一丈多远，只听他“啊哟”一声，顿时昏了过去。众人大惊，急请太医医治，才保全性命。事后，李世民对宇文士及说：“建成想用这匹马暗害我，却不知死生有命！”李建成听到这话，就让嫔妃在高祖面前诬陷李世民说：“秦王自己说，我有天命，将要成为天下之主，岂能轻易而死。”李渊信以为真，先召李建成、李元吉，然后召李世民入宫，斥责李世民说：“天子自有天命，非智力可求，汝求之何？”李世民免冠叩头谢罪，李渊怒气未消，下令将李世民送至司法机关审讯。恰在这时，有边报告急，突厥大举叩关，李渊在吃惊之余才把怒气打消，并召见李世民，温言慰勉说：“世民，不是父皇故此重责，只是你言语有失分寸，被宵小抓住口实，告到我这来，我不得不办。如今突厥进犯，你有何良策？”当下就命令他仍然冠带，共同商议战守之事。接着下令李世民、李元吉率兵出豳州以抵御突厥。这样，每有寇盗，就命令李世民征讨，等到事平之后，李渊心中猜忌却更甚。

武德九年（626），太子李建成邀请秦王李世民到府中夜宴。只见李建成举起酒杯说道：“秦王外御边患，内剿寇盗，可谓功劳卓著，但东征西讨，不得安息，又如此辛劳，让人心中不安。今夜的宴席就算是为秦王接风洗尘的。”说完之后一饮而尽。李世民也随之喝了下去，忽然感到心口剧痛，喉中奇痒，顿时吐血不止。淮安王李神通见此大惊，连忙代秦王向太子李建成告辞，把李世民扶回西宫，请太医调治。同时，淮安王报知李渊，李渊亲往西宫探望。李世民呜咽陈词，把那天晚上去李建成府中饮酒之事向李渊说了一遍。李渊对李世民说道：“首建大谋，削平海内，皆汝之功。吾欲立汝为嗣，汝固辞；且建成年长，为嗣日久，吾不忍夺也。”李渊说，今看他们兄弟二人似不相容，同处京城，必有纷争。他打算派李世民还行台，居住在洛阳，自陕以东都由李世民掌管。世民涕泣道：“这不是儿所想的，儿臣岂可远离膝下？”李渊说：“天下一家，东西两都，道路甚近，不要忧愁悲伤，我想你就去洛阳看你。”李世民将去洛阳的事被李建成、李元吉探知，他俩相互商量说：“秦王如果到了洛阳，就再也制服不了他了。不如把他留在长安，只不过是一匹夫，还可以设法除掉他。”于是密令心腹数人，连续向李渊上封事说：“秦王左右的人，听到去洛阳的消息，无不兴高采烈，此去恐怕不复返了。”李建成又派遣近幸之臣对李渊陈说利害关系，李渊便改变了原来的主意，竟将秦王镇洛一事放在脑后。李世民因李渊一再听信谗言，也深感孤危，但又觉无可奈何。

李建成、李元吉与后宫嫔妃在李渊面前日夜诬陷李世民，李渊完全相信，并逐渐动了真怒，说：“如此种种若是事实，寡人岂能放过这小儿！”于是要加罪于李世民。陈叔达进谏说：“秦王对天下建有大功，不可加罪于他。并且他的性格刚烈，如果加罪于他，恐不胜忧愤，也许得了意想不到的疾病，到那时陛下后悔就来不及了。”李渊于是打消了加罪李世民的想法。尔后，李元吉又干脆密请李渊杀死李世民。李渊说：“他有平定天下之功，罪状还不明显，要杀他，以什么为借口？”李元吉说：“秦王初平东都时，顾望不还，散钱帛来树私恩；又违敕命，非反而何？但应速杀，何患无辞？”李渊仍然没有应允。

秦王府僚属都很忧惧，行台考功郎中房玄龄对比部郎中长孙无忌说："今嫌隙已成，一旦祸机窃发，岂惟府朝涂地，乃实社稷之忧，莫若劝王行周公之事，以安国家。存亡之机，间不容发，正在今日。"长孙无忌说："吾怀此久已，不敢发口，今吾子所言，正合吾心，谨当白之。"现在秦王与太子的矛盾已经形成，一旦大祸临头，岂止秦王府的人将要被杀，恐怕会牵连更多，这也是国家的忧患，不如劝说秦王行周公之事，以安家国。于是，房玄龄对李世民进言，大王功盖天地，无人可比，本应当继承大业。现在的忧虑和危险，也是千载难逢的机遇，希望秦王不要犹豫。房玄龄与府属杜如晦共劝李世民杀李建成、李元吉，但李世民迟疑不决。

李建成、李元吉知道秦王府有很多骁将策士，想要引他们为己所用，便秘密地用一车金银器皿，赠给左二副护军尉迟敬德。尉迟敬德辞谢说："敬德，蓬户瓮牖之人，遭隋末乱离，久沦逆地，罪不容诛。秦王赐以更生之恩，今又策名藩邸，唯当杀身以为报；于殿下无功，不敢谬当重赐。若私交殿下，乃是二心，徇利忘忠，殿下亦何所用！"意为对殿下我身无寸功，不敢谬当重赐，请殿下收回成命。如果私交殿下，我又是徇利忘义之人，殿下对待这样的人于己有什么用呢？李建成听后很生气，与他绝交。尉迟敬德把这件事告诉了李世民。李世民赞叹道，你的心就好像山岳一样，虽积金至斗，你不会改变，但是既然殿下给你金帛，你只要接受就可以了，又有什么可嫌弃的呢？并且得以知道他的阴谋诡计，岂不是良策？这样你不接受他的宝货，灾祸就要落到你身上了。果然不久，李元吉派人行刺，而尉迟敬德早有准备，故意洞开重门，安卧不动。刺客屡次进入他家的院里，终不敢入刺尉迟敬德。李元吉看此计不成，又生诬陷之心，便在李渊面前说道，尉迟敬德因有秦王的庇佑，在京城为非作歹，骄横无比，城中百姓早已怨声载道，只是敢怒不敢言。李渊即下诏刑狱审讯尉迟敬德。李元吉又在暗中活动，要把尉迟敬德处死。李世民知晓后再三保证，才得以赦免。李元吉用同样的手段，又诬陷左一马军总管程知节，将他从秦王府调出，出为康州刺史。临行前，程知节对李世民说，大王的股肱羽翼都没了，自己又怎么能长久呢？知节拼死不去，希望大王早日决定大计。李建成、李元吉又拿金帛引诱右二护军段志玄，段志玄不从。李建成对李元吉说，现在秦王府中才智谋略之士，可以忌惮的也只有房玄龄和杜如晦了。于是他俩又设法把房、杜二人逐出秦王府。

在秦王府中，李世民的心腹只剩下长孙无忌一人。长孙无忌与其舅雍州治中高士廉、右车骑将军侯君集及尉迟敬德等人日夜劝说李世民诛杀李建成、李元吉，谓大王若不早日抉择，必为小人所乘，性命何在？家国何人来保卫？但李世民仍然犹豫不定，他向灵州大都督李靖询问良策，李靖没有表态，只是说大王所忧虑的乃是手足之情，如今之形势，大王想必已然在胸，我等岂敢妄言。李世民向行军总管李勣询问，李勣也没有表态，李世民由此更加器重这两个人。

第六章
献身明主

一、玄武门之变

武德九年（626）六月初一，太白金星在白天出现于天空正南方的午位，按照古人的看法，这是“变天”的象征，是爆发革命或当权者更迭的前兆，代表要发生大事了。

适逢突厥郁射设带领数万骑兵驻扎在黄河以南，突入长城边塞，包围乌城，太子李建成便推荐齐王李元吉代替秦王李世民都督各路军马北征以抵抗突厥入侵。李渊听从了他的建议，命令李元吉督率右武卫大将军李艺、天纪将军张瑾等人援救乌城。李元吉乘机请求让尉迟恭、程知节、段志玄以及秦王府右三统军秦琼等人与自己一同前往，检阅并挑选秦王帐下精锐的士兵以增强自己军队的实力。在太子的东宫中担任率更丞的王晊已被秦王李世民收买，成为李世民在东宫的眼线，他悄悄向李世民传递密报。内容大致是，太子对齐王说，现已得到秦王骁勇的将领和精锐的士兵，拥有兵马数万之多了，可与秦王在昆明池饯行，让勇士在帐幕里将秦王杀死，上奏父皇时就说秦王暴病身亡，然后逼父皇将国家大事交给太子处理。至于尉迟恭等人，应将他们悉数坑杀。

李世民将王晊的密报告诉了长孙无忌等人，长孙无忌等人劝李世民先发制人。李世民叹息道：“骨肉相残，是古往今来的大罪恶。我当然知道祸事即将来临，但我打算在祸事发生以后，再举义讨伐他们，这不也是可以的吗？”尉迟恭说：“作为人之常情，有谁能够舍得去死！现在大家誓死侍奉大王，这是上天所授。祸事马上就要发生，大王却仍旧神态自若，毫不担忧。即使大王把自己看轻，又怎么对得起宗庙社稷呢！如果大王不肯采用我的主张，我就准备逃身荒野草泽，不能留在大王身边，拱手任人宰割！”长孙无忌说：“如果大王不肯听从尉迟恭的主张，事情肯定要失败了。尉迟恭等人肯定不会再追随大王，我也应当跟着他们离开大王，不能够再侍奉大王了！”李世民说：“我讲的意见也不能完全放弃，明公再计议一下吧。”尉迟恭说：“如今大王处理事情犹豫不定，这是不明智的；面临危难，不能决断，这是不果敢的。况且，大王平时蓄养的八百多名勇士，凡是在外面的，现在都已经进入宫中，他们穿好盔甲，手握兵器，起事的形势已经形成，大王怎么能够制止得住呢！”

李世民征求秦王府幕僚们的意见，大家都说：“齐王凶恶乖张，是终究不愿意侍奉自己的兄长的。近来听说护军薛实曾经对齐王说：‘大王的名字，合起来可以成为一个唐字，大王终究要主宰大唐社稷。’齐王欢喜地说：‘只要能够除去秦王，夺取东宫太子之位就易如反掌了。’他与太子谋划作乱还没有成功，就已经有了夺取太子之位的心思。作乱的心思没有满足，又有什么事情做不出来呢！假使这两个人如愿以偿了，恐怕天下就不再归大唐所有。以大王的贤能，捉拿这两个人就如拾取地上的草芥一般容易，怎么能够为了信守匹夫的节操，而忘了国家社稷的大事呢！”李世民仍然没有决断，大家又问道：“大王认为舜是什么样的人呢？”李世民答道：“是圣人。”部下接着说：“假如舜帝在疏通水井的时候没有躲过父亲与弟弟在上面填土的毒手，便化为井中的泥土了；假如他在涂饰粮仓的时候没有逃过父亲和弟弟在下面放火的毒手，便化为粮仓上的灰烬了，怎么还能够让自己的恩泽遍及天下，法度流传后世呢！所以，舜帝在遭到父亲用小棒笞打的时候便忍受了，而在遭到大棍笞打的时候便逃走了，这大概是因为舜帝心里所想的是大事啊。”李世民命人算卦以卜吉凶，恰好秦王府的幕僚张公谨从外面进来，便将占卜的龟壳夺过来扔在地上，说：“占卜是为了决定疑难之事的，现在事情并无疑难，还占卜什么呢！如果占卜的结果是不吉利的，难道就能够停止行动了吗？”秦王便定下了行动计划。

李世民命令长孙无忌秘密地将房玄龄等人召回，房玄龄等人不答应回秦王府，说道：“陛下敕书的旨意是不允许我们再事奉大王的。如果我们现在私下去谒见大王，肯定要因此获罪而死，因此我们不敢接受大王的教令！”李世民发怒，对尉迟恭说：“房玄龄、杜如晦难道要背叛我吗？”他摘下佩刀交给尉迟恭道：“明公前去察看一下情况，如果他们果真没有回来的意思，可砍下他们的头回来见我。”尉迟恭前去，与长孙无忌一起明示房玄龄等人说：“大王已经将行动的计划决定下来了，众位明公应该速去秦王府中共议大事。我们四个人不能在街道上同行。”于是命令房玄龄和杜如晦穿上道士的服装，与长孙无忌一同进入秦王府，尉迟恭则经由别的道路也来到了秦王府。

武德九年（626）六月初三，太白金星再次在白天出现在天空正南方的午位。傅奕密奏道：“金星出现在秦地的分野上，这是秦王应当拥有天下的征兆。”李渊将傅奕的密奏给秦王李世民看。于是，李世民乘机秘密上奏父皇，告发李建成和李元吉与后宫的嫔妃淫乱，而且说：“儿臣丝毫没有对不起皇兄和皇弟，现在他们却打算杀死儿臣，这简直就像要替王世充和窦建德报仇。如今我快要含冤而死，永远地离开父皇，魂魄归于黄泉，如果见到王世充诸贼，实在感到羞耻！”李渊望着李世民，惊讶不已，回答道：“明天朕就审问此事，你应该及早前来参见朕。”

张婕妤暗中得知了李世民密奏的大意，急忙告诉李建成。李建成将李元吉召来商议此事，李元吉说：“我们应当管好东宫和齐王府中的士兵，托称有病不去上朝，以便观察形势。”李建成道：“宫中的军队防备已很严密了，我与皇弟应当入朝参见，亲自打听消息。”于是二人决定先入大内皇宫逼高祖表态。不料宫城北门玄武门执行禁卫总领常何名为太子亲信，实际上却从武德二年（619）起就随李世民出征，武德七年（624）的时候奉李世民的命令进入长安，领军玄武门，并收买禁军，因此宫中卫队已经倒向秦王，李建成和李元吉却不知道，还以为宫中都是自己人。

武德九年（626）六月初四，李世民率领长孙无忌、尉迟恭、侯君集、张公谨、刘师立、公孙武达、独孤彦云、杜君绰、郑仁泰、李孟尝等人入朝，并在玄武门埋下伏兵。李建成、李元吉二人不知底细，也一起入朝，骑马奔向玄武门。此时，高祖李渊已经将裴寂、萧瑀、陈叔达、封德彝、裴矩等人召集前来，准备查验这件事情了。

李建成、李元吉来到临湖殿，察觉到了变化，立即掉转马头，准备向东返回东宫和齐王府。李世民跟在后面呼唤他们，李元吉心虚，先张弓搭箭射向李世民，但由于心急，一连两三次都没有将弓拉满，箭没有射中。李世民却搭弓射向李建成，一箭将他射死了。尉迟恭带领骑兵七十人相继赶到，他身边的将士用箭射中了李元吉，李元吉跌下马来。可就在此时，李世民的坐骑受到了惊吓，带着李世民奔入玄武门旁边的树林，李世民又被林中的树枝挂住，从马上摔下，倒在地上，一时爬不起来。李元吉迅速赶到，夺过弓来，准备勒死李世民，就在这时尉迟恭跃马奔来大声喝住了他。李元吉知道不是对手，赶紧放开李世民，想快步跑入武德殿寻求父皇庇护，但尉迟恭快马追上他，放箭将他射死了。

太子李建成的部下、翊卫车骑将军冯立得知李建成身死，叹息道："难道能够在太子生前蒙受恩惠而太子一死便逃避祸难吗？"于是，他与副护军薛万彻、屈直府左车骑谢叔方率领东宫和齐王府的精锐兵马两千人，急驰赶到玄武门，准备为太子和齐王报仇。张公谨臂力过人，他独自关闭了大门，挡住冯立等人，冯立等人无法进入。云麾将军敬君弘掌管着宿卫军，驻扎在玄武门。他挺身而起，准备出战，与他亲近的人阻止他说："事情未见分晓，姑且慢慢观察事态的发展变化，等到兵力会集起来，结成阵列再出战，也为时不晚。"敬君弘不听从，便与中郎将吕世衡大声呼喊着向敌阵冲去，结果全部战死。把守玄武门的士兵与薛万彻等人奋力交战，持续了很长时间，薛万彻擂鼓呐喊，准备进攻秦王府，将士们大为恐惧。此时，尉迟恭提着李建成和李元吉的首级给薛万彻等人看，东宫和齐王府的人马顿失战心，迅速溃散，薛万彻与骑兵数十人则逃入终南山中。冯立杀死敬君弘后，对部下说："这也可以略微报答太子殿下了。"于是，他丢掉兵器，落荒而逃。至此，政变以秦王李世民的胜利而告终。

玄武门之变发生时，高祖李渊正在宫内的海池上划船，李世民让尉迟恭入宫担任警卫。尉迟恭身披铠甲，手握长矛，径直来到李渊所在的船上。李渊大惊，问道："今日作乱的人是谁？爱卿到此做什么？”尉迟恭回答道：“秦王因为太子和齐王作乱，起兵诛杀了他们。秦王殿下担心惊动陛下，故派臣担任警卫。”李渊对裴寂等人说：“不料今天竟然会出现这种事情，你们认为应当怎么办呢？”萧瑀和陈叔达说：“建成与元吉本来就没有参与举义兵反抗隋朝的谋略，又没有为天下立下功劳。他们嫉妒秦王功劳大、威望高，便一起策划奸邪的阴谋。现在，秦王已经声讨并诛杀了他们，秦王功盖宇宙，天下归心，陛下如果能够决定立他为太子，将国家大事委托于他，就不会再生事端了。”高祖李渊应允。当时，宿卫军和秦王府的兵马与东宫和齐王府的亲信交战还没有停止，尉迟恭请求高祖颁布亲笔敕令，命令各军一律接受秦王的处置，高祖听从了他的建议。天策府司马宇文士及从东上阁门出来宣布敕令，众人便这样安定下来了。李渊又让黄门侍郎裴寂前往东宫开导原李建成麾下的诸将士，将士们便都弃职而散。于是，李渊召李世民前来，抚慰他说：“近日以来，几有投杼之惑。”李世民跪了下来，伏在高祖的胸前，号啕大哭良久。

传说李世民恐惧兄弟的鬼魂前来索命，于是派尉迟恭与秦琼担任门前守卫，但后来因两人年老，无法长期担任此职，只好转而绘制两人的画像挂在门口，成为后世门神的由来。

李建成、李元吉事败被诛后，李建成之子安陆王李承道、河东王李承德、武安王李承训、汝南王李承明、钜鹿王李承义，李元吉之子梁郡王李承业、渔阳王李承鸾、普安王李承奖、江夏王李承裕、义阳王李承度都因父罪连坐受诛，并被削去宗室属籍，永不再用。

当初，李建成答应李元吉自己在即皇帝位以后，便立李元吉为皇太弟，所以元吉甘心为李建成效死命。李建成、李元吉被诛后，秦王府诸将劝秦王李世民杀尽李建成和李元吉左右的百余人，籍没其家，以绝后患。尉迟敬德固争，认为不可。他说：“罪在二凶，他们既然已经伏法，如果再牵连其支党，这不利于安定。”这样争议才停止。当天，高祖下诏：“大赦天下。凶逆之罪，止于建成、元吉两人，其党羽有参与的，一概不问。其僧尼、道士、女冠并宜依旧。国家庶事，都由秦王处置。”

武德九年（626）六月初五，冯立、谢叔方都自动出来请罪，说：“臣等罪该万死，逆天下之所归心，助纣为虐，危及秦王，臣等愿受罪责。”薛万彻亡匿不知所向，李世民屡次派人诏谕，他才出来自首。李世民对他们说：“你们都是忠于职守之人，对主上忠贞不贰，可见都是当今豪侠义士。”于是命人将他们释放。

武德九年（626）六月初七，高祖李渊对殿前文武百官说："秦王多年来，外御边寇，内安忧患，功盖宇内，已成海内所归，如今寡人欲立秦王为皇太子，卿等看如何呢？"顿时百官伏首齐贺。高祖当即册立李世民为皇太子，又下诏说："自今军国庶事无大小悉委太子处决，然后闻奏。"于是，百官又叩拜了皇太子李世民。同年八月初九，李世民即皇帝位，李渊退位称太上皇。

二、危中获安

武德九年（626）十月，李世民下诏追封已故太子皇兄李建成为息王，谥号为隐；皇弟齐王李元吉谥号为刺，都以皇家丧礼重新安葬。安葬那一天，李世民素服而行，在宜秋门大哭一场，显得十分悲痛。魏徵、王珪上表说："我们过去受命于太上皇，在东宫任职，跟随太子多年。前太子对国家犯了罪，得罪了人神，臣等没有跟随太子一同去死，甘愿受杀身之罪，身负重罪，置身于光明大道，虚度生涯，将以什么报答圣上呢？陛下的德行光照四海，道义超过前代的帝王，登上山冈缅怀死者，追念兄弟手足之情，申明国家大义，表达骨肉情深，选择吉日安葬二王，永远离别的日子就要到了。臣等永远不能忘记过去，愧于在他们的亡灵面前自称旧臣，失去了前宫太子，又有了新的国君，虽然仍能施行事奉国君的礼节，但是还没有表达对死者的哀痛之情。瞻望墓地，想到往日的深情厚谊，希望在安葬的那一天，护送灵柩到墓地。”李世民认为他们有情义，没有忘记旧主，就同意了他们的请求，并命令原东宫和齐王府的旧僚属都去送葬。

当初，魏徵作为太子李建成的洗马时，时常劝说李建成及早除去秦王。李建成败亡后，李世民传召魏徵，大家都为魏徵担惊受怕，魏徵却举止如常，对李世民说：“如果已故的太子早些听从我的进言，肯定不会有今天的祸事。”李世民素来器重他的才能，便改变了原来的态度，对他以礼相待，引荐他担任詹事主簿。李世民还将王珪和韦挺从嶲州（今四川西昌）召回，两人和魏徵一起都担任了谏议大夫。李世民任命政变功臣屈突通为陕东道行台左仆射，镇守洛阳。

在他人为其担心的险情下，魏徵正确地分析了时局和李世民可能采取的明智态度，他泰然自若。李世民和魏徵虽然所处地位不同，着眼点不同，但对时局的认识上，两人的基本观点却不谋而合。各自的举止，从一开始相见时的斥问与申辩，到后来的器重和知恩，都是基于共同认知的生动表现。他们二人均堪称深识时务的俊杰。

第一，当时政局发展的客观要求。

武德九年（626）六月，李世民先发制人，一举消灭了李建成和李元吉。然而他们多年经营的宫府集团势力，却不可能在一个早上化为乌有，其党羽和武装力量逃散到长安周围，潜伏起来，李建成在山东的亲信幽州部督庐江王李瑗和左翊卫大将军领天节将军镇守泾州的罗艺都握有重兵，蠢蠢欲动。宫府集团中的许多谋士，如魏徵、王珪、韦挺等人，都是颇有威望和政治影响的有识之士。对于宫府集团的残余势力，李世民最初是进行残酷镇压的，李建成的五个儿子、李元吉的五个儿子，都被株连屠杀，绝其属籍。李世民的僚属还纷纷要求将李建成、李元吉左右百余人尽皆诛杀，并籍没其家。这时曾在玄武门之变中立了首功的尉迟敬德头脑却最为清醒，他劝谏说："罪在二凶，既伏其诛，若及支党，非所以求安也！"他极力反对采取高压政策，这是颇有见地的。

李世民采纳了尉迟敬德的主张，以高祖李渊的名义"下诏赦天下"，"凶逆之罪，止于建成、元吉，自余党与，一无所同"。

可是，一些地方并没有真正贯彻这一政策，宫府集团党羽虽有赦令，“犹不自安”。为了稳定政局，当务之急在于稳定人心，那么重用魏徵等政治影响颇大的东宫臣佐，就成为顺理成章的事情了。

第二，政治思想的一致性。

玄武门之变是李世民和李建成、李元吉权力之争的产物，而不是其政见不同的结果。虽然身处两个敌对的阵营，但是魏徵对李世民也是十分了解。

魏徵承认，作为一个政治家，李世民是强于李建成的。他曾对李建成说过“秦王功盖天下，中外归心。殿下但因年长位居东宫，无大功以镇服海内”，正是这种认识的自然流露。李世民的英武果决、雄心勃发、年轻有为以及虚心纳谏、用人不疑等不凡的气度与品格，早已为魏徵所敬佩。此时，李世民欲大展宏图，正与魏徵建功立业的政治抱负不谋而合。

李世民对魏徵的政见和抱负、品格和才干也略有了解，此人才识过人、性格耿直而又忠于职守，堪称匡扶社稷的理想人选，因“素重其才”而“改容礼之”，这便是从敌到友猝变背后深厚的政治基础。

第三，理想追求的共同点。

即将继位的李世民雄心勃勃，他要励精图治，开创一代盛世，为李唐王朝的千秋大业奠定基础。魏徵对李世民的这一心理状态了如指掌。而且李世民所期望展现的蓝图，也正是魏徵梦寐以求的理想目标。他虽然从青年时代就属意“纵横之说”，怀抱治国平天下的远大理想，但遭逢乱世，半生蹉跎，未能找到施展政治才能的天地。这时，他感到自己半生苦苦期盼的“明君”“英主”已经出现在眼前，他将要在大唐政治舞台上大显身手。二人的共同理想追求，是从敌到友猝变的内在因素。严格地说，魏徵作为一位真正政治家的生涯，是从玄武门之变之后开始的。

第四，杰出政治家的气魄和度量。

李世民为了治国安民的千秋功业，不计恩怨，不避前嫌，很快把魏徵重新组合到自己阵营之内，这对于开创崭新局面，显然具有关键性的影响。李世民说过：“魏徵往者实我所仇，但其尽心所事，有足嘉者。朕能擢而用之，何惭古烈？”表现出他弃怨用才的帝王气度。同时，魏徵也以事业为重，抛开狭隘的个人恩怨，尽心竭力协助李世民共创大业。因此，李世民后来欣喜地对魏徵说："卿罪重于中钩，我任卿逾于管仲，近代君臣相得，宁有似我于卿者乎？"当时，如果他们之中任何一方不以大局为重，也就不会有李魏君臣携手共创"贞观之治"的佳话了。

李世民以同魏徵捐弃前嫌为契机，进而召回了流放于外的原东宫僚属王珪、韦挺，并授予谏议大夫的官职，起用了逃亡归来的薛万彻、冯立、谢叔方等骁将，这一切均对流血事件之后迅速稳定政局发挥了良好的作用。

三、宣慰山东

魏徵为李世民做的第一件事，就具有重要的现实性和巨大的战略性。魏徵归附李世民后，即从战略的高度分析和总结了全国的形势，然后找出了急需解决的主要矛盾是稳定政治局面，维护国家的整体安定。这正是李世民夺取政权后最关心的问题，魏徵的建议自然引起了他高度的关注和重视。于是，李世民问魏徵："要想稳定全国的政局，第一步该如何着手？"魏徵答道："首先要设法使山东地区安定下来，这是当前最迫切的政治任务。"李世民听罢，不禁暗喜："魏徵真是个有头脑的人，和我不谋而合！”李世民于是对魏徵的策划相当器重，因为魏徵的第一个建议就抓到了要害，抓到了根本。

从当时的情况来看，国内的形势并不很好，经济萧条，生产衰败的现象正笼罩着全国。隋朝在兴盛时期的控制户数曾达到九百万左右，经过大规模的隋末战乱之后，到了唐代武德末年，只剩下不到三百万户了。其次，政局也十分不平稳，李建成、李元吉的余党还散布在各地，其中包括一些中央和地方的高级官员。在玄武门之变后的数月中，地方上不止一次地出现过变乱。尽管这些局部变乱很快就被平息了下去，但是如果处理不好，会引起更大的政治动乱，甚至还会摧毁李世民来之不易的战果。

在全国各地当中，山东是各种矛盾的焦点，问题最为复杂。所谓的山东在当时来说，包括今河北、山西、河南一部分地区在内，加上山东省本身，范围相当广泛。隋末唐初的山东豪杰，其代表人物或是豪强地主，或是农民领袖，而其下层群众则大多是铤而走险的失业农民，他们具有很强的战斗力，因而往往是当时各派政治势力的争夺对象。在反隋的斗争中，他们形成了山东、河北地区的窦建德，河南地区的翟让、李密，江淮地区的杜伏威三支力量。河南、江淮两支起义力量先后被唐镇压或者招抚，基本上被唐王朝所控制。瓦岗军的大部分将领，如徐茂功、秦叔宝、程知节、张亮等人后来都成了秦王府集团的骨干，张亮曾受李世民密令在洛阳“阴引山东豪杰”，扩充自己的势力。窦建德农民军的情况比较复杂，他们在隋亡之后，一直是同唐争夺天下的强大武装，他们没像李密、徐茂功等人那样归附唐王朝，而是在同唐军交战以后战败被镇压下去。李世民在镇压窦建德和刘黑闼时，实行了尽行杀戮的政策，不仅激化了唐王朝同河北地区“山东”豪杰势力的矛盾，也使李世民割断了同这一势力的联系。而这一矛盾，在很大程度上反映着唐王朝统治者与河北地区农民的矛盾。

窦建德在河北地区建立“大夏”政权时，封过一大批农民出身的首领或豪强地主为地方官吏，推行了一系列对农民有利的改革措施，在当地有着深厚的群众基础。窦建德死后几十年，山东、河北百姓仍对其人其事津津乐道，并为其立庙祭祀。由于唐王朝对窦建德旧部采取镇压政策，激起河北群众屡屡起兵反抗。李建成出兵平定刘黑闼时，曾接受魏徵的意见，对河北地区辅以安抚手段，取得了一定的效果，并因此与河北地区的势力建立了一定的联系，成为同李世民抗争的一支力量。所有这一切，都使李世民感到，要想消除河北地区的隐患，取得人们的支持，最根本的办法就是进行安抚。

魏徵是这样的人，他可以几易其主，但不管为谁做事，都是为黎民百姓谋福利，而百姓的福利实则就是国家的治国之道。表面上看，魏徵是谁掌权就为谁做事，实际上，作为一个文人谋士，辅佐一个明君劝其听从自己的意愿，就是他实现治国抱负的唯一途径。

魏徵向李世民禀道："殿下，如今虽然大局已定，但不可说天下太平，胜人易，胜心难，山东河北地区原来受窦建德影响，后受刘黑闼挑拨，向来与大唐不和，臣以为应该派人去广为安抚，以昭圣意。"李世民很高兴，说道："卿与孤正想到了一处，连日来孤为此事费尽心思，卿看派谁去好？"魏徵深深一揖道："臣蒙殿下错爱，并没有为殿下出过一力，如果可以的话，臣愿前往。"

李世民大喜，因为这种安抚使的工作，确实不是一般人能够胜任的，他不能靠武力，也不能光靠嘴皮子，这人要在山东河北一带有威信，还要对那一带的情况熟悉，这个人目前只有魏徵最合适。魏徵曾在元宝藏、李密、窦建德等数支农民军中供事，非常熟悉关东各种势力及其斗争关系。昔日潜伏隐遁、四散流亡的个别农民军的骨干，他或深交，或认识，或听闻。关于农民军将士们的脾气、性格、思想、行为等，他是摸得很准很透的。同时，他又在李建成手下任过职，各地与李建成有关系的人，他都比较熟悉，再加上魏徵既有从戎征战的行伍经历，又有数十年博览通涉的文化素养，历尽挫折仍保持孜孜不倦勤勉的工作作风和品质，又能言善辩、妙笔生花。他出使河北、山东，安抚这个地区的人民，稳定局势，是完全可以信赖的。

但李世民的叔父李神通却不放心，他对李世民说，殿下要如何相信魏徵，上次他以安抚使的名义去山东，结果降了窦建德，和大唐打了将近两年的仗。这次虽然窦建德不在了，但是山东河北一带仍有余党作祟，这些人尽知魏徵谋略过人，如果有谁再把他虏了去，不让他回来，可如何是好。

李世民说道："皇叔差矣，魏徵几易其主不假，但此人忠义两全，韬略过人，孤召他至帐下，正是他大展才华的机会，况且现在外敌疲弱，孤看不出他能明珠暗投，背叛大唐。皇叔尽可放心。"李神通见他主意已定，不好再说什么，犹豫了一阵又说："臣可派手下孙谋一同前往，作为内应，万一有事，也好早有防备。”李世民点头应允。李世民当即决定派遣魏徵为钦差大臣，出使山东，并“听以便宜从事”，即给予他特命全权使臣身份。

武德九年（626）七月，魏徵接受了李世民的任命，直奔山东，这已是他投唐以来，三下山东了。第一次是武德元年（618）十一月，自请安辑山东，那时他尚不为唐廷赏识，虽说是去动员拥兵二十余万、据地十余都的好友李勣、元宝藏归唐，但只领了一个“秘书丞”的小小头衔，一路只是乘坐驿站的车子到了黎阳，毫无安全保障。第二次是随从李建成征讨树威，处于戎马倥偬之中。这一次，是他在玄武门之变中遭到惨败之后，大难不死，反而蒙受了李世民以国士相待的殊遇，以特命全权使臣的身份，前往山东执行宣慰任务，车服仪仗、随从人马、风光荣耀，都大异往昔了。

从关中到山东，路途遥远。魏徵一行从京师启程，出渎关，穿过靖函山谷，进入华北平原，沿途所见，村落破败，田畴荒芜，白骨露野，遗骸满园，一派荒凉凄惨景象。正如昔时曹操《蒿里行》中所咏叹的那样：“白骨露于野，千里无鸡鸣，生民百遗一，念之断人肠。”隋炀帝的残暴统治、隋末十余年的战乱，已经使社会经济遭到了严重破坏，动乱再也不能继续下去了！魏徵更加深切地感到此次出使责任重大，他要尽心竭力说服山东的英雄豪杰和黎民百姓，维护统一安定的大局。

魏徵随行众侍外，还有两个副使，一个叫李相客，是李世民派来的，还有一个就是李神通派来的孙谋。魏徵知道李神通派孙谋来的用意，但是他并不去理会。

一路晓行夜宿，到了磁州（今河北磁县），恰与两辆去长安的囚车相遇路中，押车的将士不知这伙人是干什么的，便让他们躲开。魏徵一行人躲避到一边，车从面前经过时，魏徵看到车上押着的正是李建成的护卫将军李志安和齐王李元吉的护卫李思行。这二人都是在玄武门之变后，从长安逃到河北之后被逮捕的，此时正准备押解到京师治罪。

两个人都低着头，一副大难临头的样子，魏徵便叫道："将军且慢。"押车的将士扭头看着魏徵，魏徵拿出李世民的诏书呈给二人："臣为山东安抚使魏徵，将军是要押这两人赴京吗？"

那个头领看过诏书，施礼道："末将张宝行拜见大人，奉皇上命，押这两个犯人进京。"魏徵道："将军可能有所不知，圣上已在此前下诏，除前太子和齐王外，原有旧属概不追究查办，还是把他们放了吧。"张宝行道："末将遵旨办事，在没有得到圣上亲谕前，不敢听从大人安排，还望见谅。”李相客上前说道：“将军有所不知，出发之前，太子已给了魏先生便宜行事的权力。”

孙谋当然知道这两个人原来都是东宫和齐王府的死党，便拉过魏徵悄声说道：“魏使还需三思而行，这两个人一心与当今太子殿下为敌，只怕放了他们是放虎归山，如果出了差错，我们可担当不起啊。”两个囚犯听到魏徵的声音全都抬起头来，满怀希望地看着魏徵。魏徵转过身来对那位头领说：“臣奉诏去山东安抚将士，正是体现太子殿下的意图，太子殿下先前已明令天下赦免原东宫和齐王府旧属，如今又押解人犯进京，不是自食其言，失信于人吗？如果诏令下达后不兑现，今后有谁还会相信殿下的命令？即使我们去河北、山东到处去解释、去宣传，去做安抚工作，人家也一定不会相信我们的。现在，要是把他们释放了，不加追究，不再问罪，那么在朝廷宽大政策的感召之下，其他人自然会心悦诚服，对朝廷的赦令深信不疑，便会自觉归降，不再造反。古时候，大夫出使在外，只要是对国家对君王有利的事情，就可以自己做主，我们走的时候，殿下给了我们便宜行事的权力，足见对我们的期望和信任，我们也应该以忠心来回报皇上。将军可带兵士回京，把我的这个事如实禀告太子殿下，一切事情由我负责。”说着拿出太子手谕。

张宝行看着手谕不知如何是好。孙谋见魏徵根本没有理会自己的建议，不禁恼火道：“魏使这样做是不是有些过分了，你能负什么责？太子殿下让你安抚山东并不是让你结交旧友。”

魏徵两手一拍，叫道：“说得好，既是安抚，当然就是结交朋友，共同为大唐做事，如果天下都能化敌为友，大唐基业何愁不兴！孙副使为国用心，魏徵十分钦佩，不过山东一行我为正使，你为副使，你看是听你的还是听我的？”孙谋张口结舌，憋得脸色涨红，突然说道：“我要向太子殿下禀告你勾结旧党。”

魏徵已不去理会他，从张宝行手里拿过钥匙，为两个犯人开了枷，回头对孙谋说：“孙副使是现在就回京禀告，还是等返回京城再说？”

孙谋没有办法，只是瞪眼看着那两个人被放出了囚车。两个犯人出来后，向魏徵叩头：“魏先生救命之恩，小人出生入死，一定回报。”魏徵正色道：“魏徵不敢受谢，这是陛下之诏、太子殿下之命，你们还是谢皇上和太子殿下赦免之恩吧。记住，你们都是大唐子民，应该为国效力才是。”

魏徵一行来山东伊始，便示以诚信，李志安、李思行两名要犯中途获释的消息不胫而走。既然魏徵对他们二人尚且赦而不问，那么其他的人就更不在话下了。魏徵在山东，耐心地劝慰宫府集团原来在这一带结纳的英雄豪杰、玄武门之变以后逃到这里的宫府党羽以及自己在李密、窦建德起义军中的亲朋故旧，晓以利害，使大家识大体，顾大局，各安其业，共同为恢复和发展山东的经济、文化献策出力，大显身手。此外，经过长时期的战乱，人心思定。因此，魏徵的宣慰工作进展顺利，许多问题都得到了妥善处理，山东局势逐渐平静下来。

经过几个月艰苦细致的工作，魏徵一行圆满完成了宣慰山东的任务，于冬十月返回长安复命。他根据实际情况，坚定而稳妥地在山东开展工作，进一步展示了经国安民的才略，因而越发受到李世民的赏识和信赖。

李世民在重用魏徵、王珪等东宫旧属的基础上，还十分注意拔擢山东人士，如张行成、崔仁师、张亮、马周等，都受到重用，这就大大缓和了李唐统治集团内部的矛盾，当然也有利于山东局势的稳定。

武德十年（627）七月，山东发生旱灾，李世民又诏免当年租赋，并令地方官吏做好赈恤工作。魏徵又奉命同温彦博、孙伏伽等分赴山东诸州，督促、检查各地的赈恤工作和生产救灾的组织情况，这已是他四下山东了。这一年青州发生谋反事件，州县官府进行镇压，追捕其余党，俘囚满狱，李世民派崔仁师前往安抚其事，崔仁师一到，便为俘囚去掉枷锁，给予饮食汤沐，仅对十多名魁首治罪，余皆原免，很快平息了动乱。从现有史料来看，此后山东地区再未发生过这类谋反事件。经过李世民和魏徵等人的宣慰和安抚，终于巩固了唐王朝在这个特殊地区的统治。

魏徵宣慰山东归来不久，即升迁为尚书右丞，仍兼谏议大夫，封巨鹿县男。从此，魏徵与唐太宗李世民之间君臣关系日益改善，他的政治生涯步入了一个新的阶段。

四、作诗述怀

面对出使以来打开的崭新局面，魏徵回顾自己曲折而坎坷的经历和李世民的知遇之情，情不自禁，心中激荡，随即濡墨挥毫，草成一首情真意切的《述怀》诗：

中原初逐鹿，投笔事戎轩。

纵横计不就，慷慨志犹存。

杖策谒天子，驱马出关门。

请缨系南越，凭轼下东藩。

郁纡陟高岫，出没望平原。

古木鸣寒鸟，空山啼夜猿。

既伤千里目，还惊九折魂。

岂不惮艰险，深怀国士恩。

季布无二诺，侯嬴重一言。

人生感意气，功名谁复论。

这是一首叙事诗，它宛如一幅波澜壮阔的人生奋斗的画卷，生动地描绘了作者投笔从戎以来曲折而坎坷的经历，抒发了诗人报答明主知遇之恩的真切情怀，字里行间流溢着忠心报国、急流勇进的壮志雄心。

其中，“中原初逐鹿，投笔事戎轩”写的是魏徵在反隋斗争的洪流中，投笔从戎。“纵横计不就，慷慨志犹存”写的是魏徵在瓦岗军中屡献深谋奇策不获采纳，导致失败投唐，但雄心壮志犹存。“仗策谒天子，驱马出关门”写的是魏徵于武德元年

（618）向李渊自请安辑山东，乘坐驿车出关至黎阳的情形。“请缨系南越，凭轼下东藩”写的是魏徵引用两个典故，“请缨”句以终军自喻，“凭轼”句以郦食其自喻，抒发了不辱使命，完成宣慰山东任务的情怀。“郁纡陟高岫，出没望平原”写的是魏徵此次沿着靖函古道艰难行进的情景，险阻萦回的山路忽上忽下，因此前方的平原看起来时出时没。“古木鸣寒鸟，空山啼夜猿。既伤千里目，还惊九折魂”写的是魏徵沿途所见凄凉破败的景象和自己无限伤感的悲咽心情。“岂不惮艰险，深怀国士恩”引用豫让以“国士”报答智伯知遇之恩的故事，抒发了魏徵不计个人得失，不避嫌疑和艰辛，展尽“国士之才”，报答太宗知遇之恩的情感。“季布无二诺，侯嬴重一言”借用季布重信义和侯嬴誓死履行诺言的故事，表达了自己既然已经接受了宣慰山东的使命，就决不辜负李世民期望的坚定决心。“人生感意气，功名谁复论”抒发了作者此行不畏艰难险阻，只是深感李世民与自己意气相投的知遇之情，而决不计较功名得失的坦荡襟怀。《述怀》一诗，气势雄浑，感情真挚，一扫初唐诗坛的浮靡华艳诗风，开盛唐新诗风之先河。

第七章
谏臣风骨

一、兼听则明

武德九年（626）八月，李渊退位为太上皇，李世民在东宫显德殿即位，是为唐太宗。新皇帝大赦天下，诏关内及蒲、芮、虞、泰、陕、鼎州免两年租调，全国免赋税一年。消息传来，山东百姓“老幼相欢，或歌且舞”。但不久又有敕文说：已抽调服役的壮丁仍遣发服役，已缴纳的租税，仍献纳完毕，明年再合计作为依据折算。如此反复，很令人失望。百姓日常用度不够，都认为是国家追悔前言、反复无常造成的，这无形中给人民群众、给李世民一种压力。

对于这种情形，魏徵看在眼里，急在心头，赶忙给太宗李世民上了一道奏疏，如实地反映了山东民众的情绪变化，然后恳切地指出：“今陛下初膺大宝，亿兆观德，始发大号，便有二言，生八表之疑心，失四时之大信。纵国家有倒悬之急，犹必不可，况以泰山之安，而辄行此事！为陛下为此计者，于财利小益，于德义大损。臣诚智识浅短，窃为陛下惜之。”魏徵提醒李世民要示民以诚信，注意政策的稳定性，切不可以贪图小利，而像春夏秋冬四时失去秩序那样不守信义，使全国上下产生疑心，重新引起人民的不满情绪。李世民随之引起重视。

自从魏徵安抚山东归来，李世民和魏徵的关系就日益密切。李世民新即位，励精图治，专心政道，常常跟魏徵在一起商讨国家大事，甚至多次把魏徵召进宫来在卧室内与他彻夜长谈，询问为政得失。魏徵有经国之才，性格又很正直，敢于直言，李世民每次与他谈话，无不欣然采纳。魏徵也喜逢知己之主，一心一意竭尽忠诚，就把自己想说的话毫无保留地说出来。李世民勉励他说：“卿所陈述、谏言，前后二百余事，如果不是你至诚奉国，怎能做到这样呢？”于是，魏徵被提升为尚书右丞，仍兼谏议大夫。

魏徵得到李世民的器重和特殊信任，引起了一些人的嫉妒。有一次，李世民左右的亲信告发魏徵包庇自己的亲属。于是，李世民派御史大夫温彦博按查此事，结果查无实据。温彦博对李世民说：“魏徵做事没有留下行动迹象，远远地避开嫌疑，内心即使没有私心，但也有应该责备的地方。”李世民让温彦博去批评魏徵，并且说：“从今以后，做事应当留下行动迹象。”过了几天，魏徵对李世民说：“我听说君臣同为一体，彼此之间应当竭诚相待。如果君臣上下都留下行动迹象，那么国家的兴亡就难以预料了。我不敢接受陛下的这个诏令。”李世民无奈地说：“我已经后悔不该说那种话。”魏徵向太宗拜了两拜，说：“我很荣幸地事奉陛下，但愿陛下让我做一个良臣，不要让我做一个忠臣。”李世民感到很奇怪，问：“良臣与忠臣有什么区别？”魏徵回答说：“尧舜时的后稷、契、皋陶是良臣，因向夏桀进谏而被杀的关龙逢和向商纣王进谏而被剖心的比干是忠臣。良臣本身享有美名，君主也获得很高的声誉，君臣齐心协力，共享荣耀，子孙世代相传，国运亨通。忠臣则因触犯君主的尊严，直谏无隐，本身遭到杀害，君主得到恶名，国家灭亡，忠臣只不过是取得一个空名而已。两者的区别就在这里。”

李世民听了魏徵的这番话，若有所悟。魏徵是暗示他要做一个明君，不要做昏庸的国君。因为只有明君在位，才会有良臣出现。而昏君在位，臣子只能做一个忠臣，或做一个庸臣。李世民非常高兴，赐给魏徵五百匹绢。

李世民接着问："人主何为而明，何为而暗？"魏徵对曰："兼听则明，偏信则暗。""兼听，能够广泛地听取各方面的意见，就是圣明的君主；偏听偏信，就是昏暗的君主。昔日，尧、舜能够广泛了解各地的不同反映，体察民情，使下情上达，政治清明。秦二世幽居深宫与外界隔绝，远离朝臣，疏远百姓，而偏听偏信赵高的话，等到秦末农民大起义爆发，天下大乱，他还不知道。梁武帝偏听偏信朱异的话，等到侯景发动叛乱，一直打到京城，他竟然一无所知。隋炀帝偏听偏信虞世基的话，各路起义军攻城略地，洗劫郡县，他还被蒙在鼓里。所以，君主善于广泛听取、采纳各方面的意见，则亲贵大臣不能阻塞言路，蒙蔽君主，而老百姓的呼声自然会通畅地反映到朝廷上来。"魏徵的这番话，对唐太宗李世民以后虚心纳谏，善于听取不同意见的开明作风的形成产生了深远影响。李世民立志做一个明君，让魏徵做一个良臣而不做一个忠臣。

二、贞观决策

魏徵有胆识，敢言他人所不敢言，而且不达目的不罢休，开创了中国历史上君畏臣之先例，树立了历代君臣关系的典范。李世民对魏徵“敬之重之，同于师傅，不以人臣处之”，魏徵承蒙太宗李世民的谅解和拔擢，“亦自以不世遇，乃展尽底蕴无所隐，凡二百余奏，无不剀切当帝心者”。唐王方庆在《魏郑公谏录》序中，盛赞其君臣：

“契叶云龙，义均鱼水，成百代之模楷，固一时之准的。”

这种契协同心、若鱼若水的君臣关系，在我国漫长的君主专制时代，确实是罕见的。他们君臣二人对如何理正君臣关系问题，也均有许多精辟而富有特色的论述。正是因为有了这种罕殊的宽松、和谐的君臣关系，才使得他们的政治抱负获得了充分施展，各自的治国安邦才能获得了有效的发挥，君臣之间相得益彰。可以说，李世民给魏徵提供了人生奋斗的广阔舞台，成就了魏徵“千秋金鉴”“天下第一相”的美誉；魏徵辅佐李世民开创了“贞观之治”的伟业。

唐朝是在隋末天下大乱的基础上建立的。直到贞观元年（627），社会经济凋敝不堪，人口锐减，土地荒芜，各地水旱灾害频仍，社会矛盾尚未缓和，民心还不十分安定。面对这种残破的局面，如何迅速恢复和发展社会生产，缓和阶级矛盾，稳定社会秩序，成为迫切需要解决的问题。唐太宗刚即位的时候，曾与群臣谈到教化百姓问题，他说："如今刚刚经过一场大的动乱，我担心百姓不容易接受教化。"

魏徵却认为："不然。长期处于安定环境中的百姓容易产生骄逸，骄逸则难以教化；经历过战争动乱的百姓忧愁痛苦，忧愁痛苦则容易教化。这就像饥饿的人不择食，口渴的人不择饮一样。"李世民心里仍然没有底，说："古人不是说过，善人治理国家也要百年，才能克服残暴，免除杀戮吗？"

魏徵回答说："那不是指圣明的君主，圣明的君主治理国家，就像发出声音可以立即听到回声一样，在一年之内就能收到效果，也不是什么难事，三年取得成功就不算早了。"

尚书右仆射封德彝不同意魏徵的说法，他对李世民说："这话不对。夏、商、周三代以后，人心渐趋狡猾诡诈，所以秦朝专用法律，汉代杂用'王道'与'霸道'，都是想把国家治理好，可是都做不到，这并不是不想做到啊！魏徵是个书呆子，不识时务，爱空发议论，如果轻信他的空谈，必然贻误、扰乱我们的国家，他的话听不得。"

魏徵反驳封德彝说："五帝、三王不易民而施行教化，从前黄帝征伐蚩尤，颛顼诛灭九黎，商汤放逐夏桀，武王讨伐纣王，都能在自己生前达到天下太平，难道他们不是承接大动乱之后吗？如果说上古的人淳朴，后代的人逐渐变得狡猾诡诈，那么时至今日，恐怕所有的人全都化为鬼魅了，君主又怎么能统治他们呢？”

封德彝被驳得无话可说，李世民接受了魏徵的意见，坚定了治理国家的信心，对以后的“贞观之治”产生了积极的影响。

关于如何治理国家，有的大臣劝李世民“人主当独运威权，不可委之臣下”；又有大臣向李世民建议“宜震耀威武，征讨四夷”。唯有魏徵建议李世民“偃革兴文，布德施惠，中国既安，四夷自服”。魏徵提出的这一治国方针，就是要唐朝统治者采取轻徭薄赋、与民休息的政策，缓和阶级矛盾，恢复和发展社会经济，使广大人民安居乐业，目的是使唐王朝的封建统治更加巩固和稳定。

历史的教训是贞观决策的根本出发点。李世民和魏徵都亲身经历了隋末农民战争，认识到农民力量的伟大，认真总结和吸取隋朝灭亡的经验教训，成为贞观君臣谈论的重要话题。

三、以隋为鉴

魏徵在上疏中为唐太宗李世民详细分析了隋朝灭亡的原委，他说："过去的隋朝，统一天下，军队强大，三十余年，声威远达万里，震动远方的异国。一旦被农民大起义推翻，江山尽为别人所有。那隋炀帝难道不喜欢天下长治久安，不希望国家永世长存，所以推行夏桀的暴政来自取灭亡吗？他依靠国家富强，不考虑后患。他驱使天下的人满足自己的奢欲，耗尽所有的财物以供自己享受，搜选天下的美女，寻求远方的奇珍异宝。他追求宫殿园林的华丽装饰、亭台楼阁的雄伟壮观，征发徭役没有止境，用兵打仗没有休止。他外表显得威严庄重，内心充满险恶和猜忌，进谗言的邪恶之人必然受到他的恩宠，忠诚正直的人没有能够保全自己生命的。上下之间互相蒙蔽，君不像君，臣不像臣，背离正常的君臣之道，百姓难以忍受这种暴政，最后举国上下分崩离析。于是作为一个四海之内至尊的皇帝，竟死于匹夫之手，子孙灭绝，被天下人耻笑，这能不叫人痛心吗？"

李世民对隋朝灭亡的原因也有深刻的认识，早在平东都时，秦王李世民看到隋朝洛阳的宫殿，叹息说：“逞侈心，穷人欲，无亡得乎！”于是下令拆掉端门楼，焚乾阳殿，毁则天门及阙。贞观二年（628）六月，唐太宗对侍从的大臣说：“朕翻阅《隋炀帝集》，见其文辞深奥博雅，也知道推崇尧、舜而贬斥桀、纣，然而其行事为何与其文章大相径庭呢？”魏徵答曰：“君主虽然是圣哲之人，也应当虚心接受别人的劝谏。这样，有智慧的人才能奉献他的谋略，有勇力的人才能竭尽其勇力。隋炀帝恃才自傲，刚愎自用，所以口诵尧舜之言而身行桀纣之为，竟然不知不觉地遭到国灭身亡的下场。”李世民说：“这件事离我们不远，应当引以为戒。”

隋朝灭亡的根本原因是隋炀帝穷奢极欲，对内横征暴敛，对外穷兵黩武，徭役无时，兵役无期，民不堪命，率土分崩。唐朝统治者不得不改弦更张，减轻一些对农民的剥削。贞观初年，唐太宗对侍从的大臣说：“作为国君应当遵循的原则是：必须首先关怀老百姓。如果以损害老百姓的利益来满足自己的享受，那就好像割下自己大腿上的肉来填饱自己的肚子，肚子填饱了，人也就死了。如果想要安定天下，必须首先端正国君的行为。没有身子正而影子斜的，也没有国君清明而下面动乱的。我经常想，损害国君自身的因素不在于外界的事物，而是自身的贪欲所造成的。如果一味追求美味佳肴，沉溺于歌舞美女，那么这些欲望越多，所造成的损害也就越大，这样既妨碍国家大事，又烦扰百姓。如果再说一些没有道理的话，老百姓就必然离心离德，怨恨既然产生，众叛亲离的事情就会屡见不鲜。每当想起这些，就不敢放纵自己，贪图安逸。”

谏议大夫魏徵说：“古时候圣明贤哲的君主都从自身做起，所以能够体察老百姓的疾苦。历史上楚庄王聘用詹何，问他治理国家的要领。詹何回答说：‘要靠君王修身养性。’楚庄王又问：‘这样治理国家的效果如何？’詹何答道：‘没有听说君王自身行为很端正而国家不安定的。’陛下所阐明的道理，实际上和古代圣贤讲的是一个意思。”

贞观年间，君臣在总结隋朝灭亡的历史教训的基础上，认识到人民群众的伟大力量，认识到人心的向背是关系到国家存亡的关键因素。李世民曾经说过：“国君，可畏的是百姓。作为天子，有道，百姓便拥护你做国君；无道，百姓便抛弃你，不让你做国君。这实在是可怕啊！”魏徵说：“自古以来，丢掉社稷的君主，都是在安定的时候忘记了危机，在治世的时候忘记了动乱，所以不能长治久安。陛下富有四海，天下太平，能够留心治国的方法，常常如临深渊，如履薄冰，小心翼翼地办事，国家的命运，自然会绵延长久。臣又闻古语云：君，舟也，人，水也，水能载舟，亦能覆舟。陛下以为可畏，诚如圣旨。”（《贞观政要·论政体》）魏徵还引用孔子的话：“鱼失水而死，水失鱼则犹为水也。故尧战战栗栗，日慎一日。”以此说明君与民的关系，民是根本。《尚书》上也说：“民为邦本，本固邦宁。为人上者，奈何不敬？”说明人民是国家的根本，只有本固，国家才能安宁，作为人君，必须要敬重百姓。

那么，调节君与民的关系，主要在于国君节制自己的欲望，清静无为。李世民说：“一切事情都必须致力于根本。国家以人民为本，人民以衣食为本，凡经营衣食，以不误农时为根本。要不失农时，在于国君简易安静，不苛劳百姓便可以达到。假如战争不断，永不止息地大兴土木，而要想不夺农时，那可能吗？”又说：“使人民安居乐业，国家安享太平，只在于国君。国君顺乎自然，与民休息，人民就快乐；国君欲望很多，人民就困苦。所以，朕经常抑制感情，减少欲望，尽量克制、约束自己。”魏徵说：“我大唐所代替的是隋朝，隋朝灭亡的根源，圣明的陛下是看得清清楚楚的。以隋朝的库存与我们今天的物资储备相比，以隋朝的兵力与我们今天的军队相比，以隋朝的户口与我们今天的百姓相比，衡量强弱，比较大小，相差多少等级？然而隋朝以富强而败亡，那是因为隋朝横征暴敛，徭役繁重，民不聊生。我们以贫穷而使国家得以安宁，那是因为陛下清静无为，与民休养生息，百姓安居乐业。百姓安静，国家就太平；百姓浮动，国家就动乱。这是人人皆知的道理，并不是隐晦而难以理解的，不是微妙而难以觉察的。然而很少有人走这条平坦易行的路，多数人沿着翻车的路走去。这是为什么呢？就在于安宁的时候不思虑危亡，太平的时候不思虑动乱，国家存在的时候不思虑败亡。过去隋朝没有乱的时候，自以为必不会乱；隋朝没有灭亡的时候，自以为必不会亡，所以经常发动战争，徭役有增无减，到了将要遭受灭顶之灾的时候，竟然对其覆灭的原因茫然不知，岂不是很可悲吗？”

在这种“清静无为”统治思想的支配下，唐太宗李世民比较注意克制自己的欲望，在贞观初年没有大兴土木，仍然住着隋朝的旧宫殿。贞观二年（628），有人奏请“营一阁以居之”，李世民考虑到兴建新宫必然耗费钱财。他说：“从前汉文帝将起露台，因惜十家之产而罢。朕功德不及汉文帝，而所费过之，岂为人父母之道祝？”臣下一再坚持，他仍没有准许。为了节省开支，李世民还下令放还宫女三千人。贞观四年（630），社会经济稍有好转，李世民打算东巡洛阳，便下令修复乾元殿，由于张玄素竭力谏阻，他便下令“所有作役，宜即停之”。接着，李世民又下令：“自王公以下，第宅、车服、婚嫁、丧葬，超逾制度者，宜一切禁断。”有一次，工部尚书段纶带了一名能工巧匠进宫，想制造傀儡戏道具给李世民看，结果被李世民训了一顿，并给予段纶降级的处分，下令禁断此戏。李世民还下令禁止地方官吏进贡奇珍异宝，以防扰民。由于唐太宗李世民崇尚节俭，率先垂范，所以贞观君臣形成了一种廉俭之风。

唐承隋末大乱，社会经济凋敝，人口锐减，只有三百多万，不及隋时的十分之二。黄河以北，千里无烟，江淮之间，一片荒凉景象。贞观初年，连年自然灾害，大闹粮荒，米价昂贵，人多逃亡，甚至有卖儿卖女的。在这种情况下，唐太宗李世民采取了一系列休养生息、与民休息的政策，以便恢复和发展社会生产，使广大农民重建家园。

贞观元年（627）二月，李世民下诏“民男二十、女十五以上无夫家者，州县以礼聘娶，贫不能自行者，乡里富人及亲戚资送之”。这一措施的目的在于帮助农民建立家庭，繁殖人口，发展一家一户的小农经济。同年夏，山东大旱，免今岁租。九月，李世民遣使到山东诸州视察灾情，赈济慰问下户贫穷百姓。贞观二年（628）三月，李世民遣使巡行关内，由政府出金宝赎回因饥荒而被卖掉的儿童。他还多次派特使到灾区慰问，赈济灾民，妥善安置灾民的生活。李世民采取这样的政策，社会经济迅得到恢复和发展。到了贞观四年（630），民生安定已初见成效，全国大丰收，“流散者咸归乡里，米斗不过三四钱，终岁断死刑才二十九人。东至于海，南极五岭，皆外户不闭，行旅不赍粮，取给于道路焉”。

贞观四年（630），唐太宗李世民对长孙无忌说：“贞观初年，大臣们上书都说：‘君王应当独自运用威权，不可委任给臣下。’又说：‘应当耀武扬威，讨伐四夷。’只有魏徵劝朕说：‘应当停止使用武力；勤修文教，多给百姓一些恩德和实惠，中原安定之后，周边的少数民族自然归服。’朕听取他的意见。现在，突厥颉利可汗成了俘虏，其部落首领都带刀到皇宫担任宿卫，各部落都受到中华文明礼貌的熏染，这都是魏徵的功劳，遗憾的是没有使封德彝看到这种局面。”

魏徵再次拜谢说：“突厥灭亡，海内安宁，天下一统，都是陛下的威德，我有什么功劳呢？”李世民说：“朕能够重用你，你忠于职守，十分称职，功劳怎么能是我一个人的呢？”

李世民十八岁跟随其父在太原起兵，东征西讨，二十四岁平定天下，二十九岁升为天子，十余年的戎马生涯，使他无暇读书，稍逊风骚。但是，李世民是一个有政治头脑的封建帝王。在大唐的江山基本稳定以后，他清醒地认识到，在马背上打出来的天下，不能还在马背上治之。巩固唐朝的统治，必须实行文治。早在武德四年（621），时为秦王的李世民在平定王世充、镇压窦建德以后，看到海内逐渐平定，便开设文学馆，招揽四方文学之士。秦王府的属官杜如晦，记室房玄龄、虞世南，文学褚亮、姚思廉，主簿李玄道，参军蔡允恭、薛元敬、颜相时，咨议典签苏勖，天策府从事中郎于志宁，军咨祭酒苏世长，记室薛收，仓曹李守素，国子助教陆德明、孔颖达、盖文达，宋州总管府户曹许敬宗，都以本官兼文学馆学士。李世民将他们“分为三番，更日直宿，供给珍膳，恩礼优厚”。李世民在“朝谒公事之暇，辄至馆中，引诸学士讨论文籍，或夜分乃寝”。又使库直阎立本绘制图像，褚亮为赞，号十八学士。士大夫得预其选者，时人谓之“登瀛洲”。他们是李世民作决策的重要助手。李世民即位以后，在处理政事之余，勤奋读书，手不释卷，经常通宵达旦。所谓“岩廊罢机务，崇文聊驻辇”“对此乃淹留，欹案观坟典”“崇文时驻步，东观还停辇，辍膳玩三坟，晖灯披五典”，这些都是李世民读书情景的自述。从读史中，他了解历代王朝的兴衰治乱，他还积极提拔“学业优长，兼识政体”的官员，引置左右，“每机务之隙，引之谈论，共观经史”，“鉴前代成败事”。

贞观元年（627）正月，李世民宴请群臣，席间，奏《秦王破阵乐》。这是秦王李世民在破刘武周时，军中流行的一首军乐，主要是歌颂李世民的赫赫战功。李世民听了以后，洋洋得意，对群臣说：“朕昔日受高祖委托，专任征伐，民间遂有此曲，虽非文德之雍容，然功业由兹而成，不敢忘本。”封德彝说：“陛下以神武平海内，岂文德之足比！”李世民说：“戡乱以武，守成以文，文武之用，各随其时。卿谓文不及武，斯言过矣。”封德彝自讨没趣，顿首谢罪。这说明李世民对偃武修文有深刻的认识。后来这首《秦王破阵乐》被改编成《七德舞》，七德即禁暴、戢兵、保大、定功、安民、和众、丰财七事。李世民又亲自填写《功成庆善乐舞词》，编成《九功舞》，以象征“文德”，每逢宴会，与《七德舞》一起演奏。贞观七年（633）正月，李世民宴请三品以上官员及州牧、蛮夷族首领，席间演奏《七德舞》和《九功舞》。太常寺正卿萧璃进言道：“《七德舞》表现陛下的丰功伟绩，有些尚不充分，请编入刘武周、薛仁杲、窦建德、王世充等人被擒获的情状。”李世民说：“他们都是一时的英雄豪杰，如今朝廷的大臣有很多原来是他们的部下，如果他们看到旧主子的屈辱之状，能不伤心吗？”萧璃抱歉说：“我没有考虑到这些。”魏徵当时也在场，他想让李世民停止使用武力，修治文德，因此，每次陪李世民宴饮，当演奏《七德舞》时，都低下头来故意不看，而看到《九功舞》，则非常认真地观看。

贞观元年（627），突厥颉利可汗重用汉人赵德言，赵德言恃势专权，大量改变旧有的风俗习惯，政令烦琐苛刻，百姓大为不满。颉利又信任各胡族人，而疏远突厥本族人，这些胡人贪得无厌，反复无常，干戈连年不息，又赶上天降大雪，深达数尺，牲畜多冻死，加上连年饥荒，百姓饥寒交迫。颉利费用不足，便向各部落征收重税，由此上下离心，怨声载道，各部落多反叛，兵力渐弱。唐朝大臣们议事时多请求乘机出兵，太宗问萧璃和长孙无忌，说："颉利君臣昏庸残暴，必然面临危亡。现在出兵讨伐，则顾虑到刚刚与突厥订立盟约不出兵，恐怕又要失去机会，怎么办呢？"萧瑀请求出兵讨伐。长孙无忌说："突厥并没有侵我边塞，却要背信弃义，劳民伤财，这不是正义之师所为。"李世民于是没有出兵讨伐突厥。颉利可汗日益衰败，百姓纷纷离散。正赶上天下大雪，雪深达数尺，羊、马多冻死，百姓饥寒交迫，颉利可汗担心大唐帝国乘突厥衰败进兵，于是领兵到朔州边境，扬言要会猎，实际上是防备唐朝。鸿胪寺卿郑元时出使突厥还朝，对李世民说："戎狄族的兴衰隆替，专以羊马的情状作为征候。现在突厥百姓饥饿，牲畜瘦弱，这是将要灭亡的先兆，不会超过三年。"李世民颇以为然。众大臣都劝说太宗乘此机会袭击突厥，太宗说："刚刚与人家订立盟约却要背盟，这是不守信用；利用人家的灾祸，这是不仁义；乘人之危来取胜，这不是勇武的行为。即使突厥各部落都叛离，牲畜所剩无几，朕还是不出击，一定要等到他们有罪过，再讨伐他们。"

贞观元年（627），岭南蛮族部落首领冯盎、谈殿等人互相攻击，很久没有入朝。邻近各州府前后十几次上奏朝廷，称冯盎谋反，李世民命令将军蔺谟等人征发江南、岭南数十州兵马大举讨伐。魏徵劝谏说："中原刚刚平定，岭南道路遥远，地势险恶，又有瘴气瘟疫，不可以驻扎大量的军队。而且冯盎反叛之状还没有形成，不宜兴师动众。"李世民说："上告冯盎谋反的人络绎不绝，怎么能说他反叛之状还没有形成呢？"魏徵回答说："冯盎如果真的要反叛唐朝，必然会分兵几路占据险要之地，攻掠邻近州县。现在告发他谋反已经有几年了，而冯盎的兵马尚未出境，这明显说明他没有反叛的迹象。邻近各州府既然怀疑冯盎谋反，陛下又不派使臣前去安抚，冯盎怕死，所以不敢来朝。如果陛下派使臣向他表示诚意，冯盎欣喜能免于祸患，这样可以不必动用军队而使他臣服。"于是，李世民下令调回军队。贞观元年（627）十月，派员外散骑侍郎李公淹持旌节前往岭南慰问冯盎。冯盎热情接待朝廷使臣，并且派他的儿子冯智戴随同朝廷使臣返回京城长安，感谢朝廷的盛意。李世民说："魏徵让我派遣一个使臣，岭南就得以安定下来，胜过十万大军的征伐，不能不加赏。"于是，李世民赐给魏徵绢五百匹。

四、直言谏君

魏徵成为贞观时期著名的谏臣，史称“徵雅有经国之才，性又抗直，无所屈挠”（《贞观政要》）。武德九年（626）十二月，李世民派简点使征兵，右仆射封德彝等上奏说：“中男虽不到十八岁，但其中一些身体高大魁梧健壮的，也可以一并征发。”唐制规定：民年十六为中男，十八始成丁，二十一为丁，充力役。按此规定中男是不应当担负兵役和徭役的，但是，李世民同意了封德彝的奏请，下诏宣布简点中男入军。敕令传出，魏徵坚决反对，不肯签署，就这样反复了四次。李世民大怒，将魏徵召进宫来，责备他说：“中男当中有些身体强壮的，都是奸诈狡猾、虚报年龄以逃避兵役徭役的人，征发他们当兵有什么害处？而你却如此固执己见！”魏徵回答说：“军队是否有战斗力在于管理统率是否得法，而不在于士兵数量的多少。陛下征发身体健壮的成年人当兵，用正确的方法加以训练统率，便足以无敌于天下，又何必多征发一些未成年人以充虚数呢？而且陛下平时总说：‘朕以诚信治理天下，欲使臣下百姓都没有欺诈行为。’现在陛下即位没有多久，就已经多次失信了！”李世民惊愕地问道：“朕怎么失信了？”魏徵答道：“陛下刚即位的时候，就曾下诏说：‘百姓拖欠官府的财物，一律免除。’有关部门认为拖欠秦王府的财物，不属于官府财物，仍旧追还索要。陛下由秦王升为天子，府库之物不是官府之物又是什么呢？陛下又曾经说过关中地区免除两年的租调，关东地区免除徭役一年。不久又颁布敕令说：‘已收亩税和已服徭役的，从下一年起开始免除。’结果退还已纳税物之后，又重新开始征收。这样百姓怎么能没有怨言呢？现在是既征收租调，又征发徭役兵役，怎么能说是从下一年开始免除呢？另外，与陛下共同治理天下的是地方官，日常政务都委托他们办理，至于征发兵员，却怀疑他们使诈，这难道是以诚信为治国之道吗？”李世民听了魏徵的这番话说：“以前朕以为你比较固执，怀疑你不通达政事，现在听到你议论国家的大政方针，确实都切中要害，很有见地。朝廷的政令不讲信用，朝令夕改，这样百姓就无所适从，国家怎么能治理好呢？朕的过失的确很深啊！”于是，李世民撤销了征发中男当兵的诏令，并且赐给魏徵一个金瓮。

魏徵相貌平平，但是很有胆略，善于使皇帝改变主意，常常冒犯皇帝的龙颜，直言极谏。有时遇到李世民非常恼怒的时候，他也面不改色，直到皇上的怒气逐渐平息。

有一次，魏徵请假祭扫祖墓回来后，对李世民说：“人们都说陛下要临幸南山，外面的车马都已经准备待发，而您最后又没有去，不知为什么？”李世民笑着说：“起初我确实有这种打算，害怕你又来嗔怪，所以我又不去了。”

李世民曾经得到一只好鹘鹰，将它放在臂膀上玩，远远望见魏徵走过来，便藏在怀里。魏徵看在眼里，故意进奏朝政大事，谈了很久也不停下来，鹘鹰最后死在李世民的怀里。

贞观五年（631）十一月，林邑国进献五色鹦鹉，新罗国献美女二人。魏徵认为不应接受。李世民高兴地说：“林邑的鹦鹉还能够自言怕冷，想回到故国，何况新罗的两个美女远别亲人呢！”

贞观六年（632）正月，由于平定东突厥以后，远方的少数民族不断来唐朝贡，吉祥的征兆一天天出现，年年五谷丰登，州府官吏多次请求唐太宗举行封禅典礼，群臣又歌颂唐太宗李世民的功绩，认为“时机不可错过，天意不可违背，就是现在举行封禅大典，我们做臣子的也觉得已经太晚了”。李世民说：“你们都认为登泰山举行封禅典礼是帝王的盛举，朕却不以为然。如果天下太平，百姓家给人足，即使不去封禅，又有什么害处呢？从前秦始皇行封禅礼，而汉文帝没有封禅，后世难道认为汉文帝的功德就不如秦始皇吗？况且祭祀上天可以扫地而祭，何必一定要登上泰山的顶峰，封数尺之土，然后才能表达对上天的诚心敬意呢？”群臣仍然坚持求封禅，李世民也想听从他们的意见，唯有魏徵认为不可。李世民说：“我想让你直言不讳地说，我的功劳不高吗？”魏徵说：“功劳高。”李世民问：“我的德行不厚吗？”魏徵说：“德行厚。”李世民问：“华夏没有安定吗？”魏徵说：“安定了。”李世民问：“远方的少数民族不仰慕朕吗？”魏徵说：“仰慕。”李世民问：“祥瑞还没有出现吗？”魏徵说：“出现了。”李世民问：“五谷不丰收吗？”魏徵说：“丰收。”李世民问：“既然如此，为什么不可以封禅？”魏徵答道：“陛下的功劳很大，但是老百姓还没有得到实惠。您的德行厚，但是恩泽还没有遍施于广大的人民。华夏虽然安定，但还不足以负担举行封禅典礼的费用。远方的少数民族虽然仰慕陛下，但还没有更多的东西来满足他们的要求。吉祥的征兆虽然不断出现，而大大小小的刑网还密布天下。几年来虽然连获丰收，但粮仓还比较空虚。因此，我私下认为不可以举行封禅大典。我不能用过去的事情来比喻，姑且借用人作比方。有一个人长期患病，不能忍耐坚持，经过治疗疾病刚好，然而瘦得皮包骨，便想背起一石米，一天走一百里路，这当然是不可能的。隋朝的动乱不止十年，陛下作为治疗这个满目疮痍的社会的良医，消除这些社会弊病，虽已天下太平，但还很不充实，向天地祭告成功，我心里暗自怀疑。何况陛下东封泰山，各国的使者都要聚集到那里参加盛典，边远之地的人，没有不为此奔波的。现在自伊水、洛水向东直到大海、泰山，灌木草莽丛生的大沼泽地，茫茫千里，人烟稀少，鸡犬不闻，道路萧条，来往都会遇到艰难险阻，那怎么可以招引一些外族人来，把华夏腹地的虚弱展示给他们呢？竭尽财物赏赐远方的客人，也未必能满足他们的欲望，连年免除赋役，也补偿不了百姓的劳苦。倘若遇上水旱天灾、风雨之变，就是后悔也来不及了。难道这只是我一个人的诚恳要求？恐怕也有民众的议论。”唐太宗称赞魏徵这番话讲得好，于是就决定停止封禅。

长乐公主将要下嫁长孙冲，李世民因公主是皇后亲生，特别疼爱她，敕令有关部门所给的陪嫁物品要比永嘉长公主多一倍。魏徵劝谏道：“过去汉明帝想要分封皇子采邑，说：‘我的儿子怎么能和先帝的儿子相比呢？均令封给楚王、淮阳王封地的一半。如今公主的嫁妆比长公主多一倍，岂不是与汉明帝的做法相差太远了吗？”太宗觉得魏徵说得有理，入宫告诉皇后，皇后感叹地说：“我经常听说陛下看重魏徵，不知其中的缘故，如今看到他用礼义来抑制君王的私情，才知道他是国家的栋梁之臣呀！我与陛下是多年的结发夫妻，多蒙恩宠礼遇，平时说话还要察言观色，不敢轻易冒犯您的威严。何况臣子与君王的关系比较疏远，却能如此直言，陛下不能不听从他的意见。”于是皇后请求派宦官到魏徵家中，赐给他四百缗钱、四百匹绢。并且对他说：“听说你十分正直，今日得以亲自看到，所以赏赐你这些东西。希望你今后永远保持这种忠心，不要有所改变。”

有一次，李世民退朝回到宫中，怒气冲冲地说：“以后有机会一定杀了这个乡巴佬！”皇后问是谁惹怒陛下，李世民说：“魏徵常常在朝廷上，当着百官的面羞辱我。”皇后退下，换上朝服站在庭院内，李世民惊奇地问：“这是怎么回事？”皇后说：“我听说君主开明则臣下正直，如今魏徵敢于直言极谏，是因为陛下开明的缘故，我怎能不祝贺呢！”李世民这才转怒为喜。

贞观六年（632）八月，李世民在丹霄殿宴请亲近的大臣，长孙无忌说："王珪、魏徵二人，以前事奉太子李建成，与陛下为敌，没想到今日能在此一同宴饮。"李世民说："魏徵与王珪尽心竭力地事奉主人，所以我任用他们。然而魏徵每次进谏，如果我不听从，我再同他说话，他总是默不作声，这是为什么呢？"魏徵回答说："我认为陛下所做的事不可行，所以谏阻；陛下不听从而我如果答应，那么事情便得以施行，所以我不敢答应。"李世民说："暂且答应而以后再劝阻，又有何妨？"魏徵答道："过去舜帝告诫群臣：你们不要当面顺从，而背后又说另一套话。如果我心里明知不对而嘴上却答应陛下，这正是当面顺从，哪里是稷、契事奉舜帝的本意呢！"李世民大笑，说："人们都说魏徵行为举止粗鲁傲慢，我看他却更觉得妩媚，正是因为如此呀！"魏徵站起来拜谢道："陛下引导我让我畅所欲言，所以我得以尽愚忠；如果陛下拒不接受臣下的谏言，我又怎么敢屡次冒犯龙颜强谏呢！"

隋朝通事舍人郑仁基的女儿年方十六七，长得非常漂亮，当时没有人能比得上她。长孙皇后访寻到她就把她召入宫中，作为嫔妃。李世民便聘这个女子为充华，诏书已经颁布，册封使还没出发的时候，魏徵听说这个女子已经许配给士人陆爽，立即上表劝阻李世民说："陛下作为百姓的父母，抚爱百姓，应当以百姓的忧愁为忧愁，以百姓的快乐为快乐。自古以来有道之君，以百姓的心愿当作自己的心愿，所以君主住在楼台亭榭，就想到百姓应当有房屋栖身安居；君主吃美味佳肴，就想到百姓应当没有饥寒的忧患；君主在眷恋嫔妃之时，就想到百姓也应当有妻室天伦之乐，这是做国君必须懂得的道理。现在郑仁基的女儿早已许配给陆家，陛下聘娶她而没有怀疑，也没有打听一下，此事如果传到全国各地，难道符合作为百姓父母的国君应有的道德吗？我所听说的情况虽然可能还不十分准确，但深恐这会有损于圣上的美德，所以我不敢隐瞒。君主的一举一动都必定要记录下来，希望陛下对此事要特别慎重思考。"李世民听魏徵这么一说，大吃一惊，亲自写诏书答复魏徵，深深地责备自己，立即追回册封使，收回成命，让郑女回到原来的陆家。左仆射房玄龄、中书令温彦博、礼部尚书王珪、御史大夫韦挺等上奏说："郑女嫁给陆家，没有确凿的证据，册封的大礼已经举行，这事不能半途而废。"此外，陆爽也上表说："我的父亲陆康在世的时候，与郑家有些来往，有时相互馈赠资财，当初并没有婚姻协议，结成姻亲。"又说："外面传说郑女已许配陆家，那是局外人不了解情况，随便那样说的。”大臣们又劝说李世民娶郑女。但他在此情况下颇为犹豫，问魏徵：“群臣也许是顺从我的旨意，可是陆爽本人也上书表白，这是为什么呢？”魏徵说：“依我揣测，陆氏的本意可以理解，他把陛下看成是太上皇了。”李世民问：“此话怎讲？”魏徵说：“太上皇刚平定京城时，得到辛处俭的妻子，稍稍蒙受宠爱。辛处俭当时为太子舍人，太上皇听说很不高兴，于是命令将辛处俭调出东宫去做万年县县令。辛处俭心里常常害怕不能保全自己的脑袋。陆爽以为陛下今天虽然宽容了他，恐怕以后遭受谴责贬官。所以他再三自我表白，意思即在于此，这有什么奇怪的。”李世民笑着说：“外面的想法或许这样，然而我说的话就这样不能使人相信吗？”所以，他又发出诏书说：“现在听说郑女早先已经接受人家的聘礼，上次发出诏书时，朕对此事不了解，这是朕的错误，也是有关部门的失误，授予郑女充华一事也应当停止。”当时的人对李世民此举无不称赞感叹的。

中牟县丞皇甫德参上书说：“修筑洛阳宫，是劳民伤财；收地租，是横征暴敛；时俗女子喜欢梳高髻，是受宫廷的影响。”李世民看罢奏章，勃然大怒，对房玄龄等说：“皇甫德参是想让国家不役使一个人，不收一斗地租，宫女都不留头发，这才合他的心意吗？”想要治他诽谤朝廷罪。侍中魏徵劝谏说：“过去汉文帝在位时，贾谊上书说：‘有一件事情应为君王而痛哭，有两件事情可为君王而流泪。’自古以来上书奏事，措辞大多激烈而迫切，如果不这样，就不能打动君王的心，所谓狂夫之言，供圣人选择。措辞激烈迫切往往近乎诽谤，重要的是陛下要仔细了解说得对还是说得错。”李世民说：“朕加罪于皇甫德参，那么谁还敢再说话呢？除了你其他人不能跟我讲这些话的。”于是赐给皇甫德参绢二十匹。过了几天，魏徵上奏说：“陛下近来不喜欢直言极谏，即使勉强容忍，也不如过去那么豁达。”李世民于是对皇甫德参另加优厚的赏赐，任命他为监察御史。

贞观十年（636），长孙皇后病逝，李世民常思念她，就在禁苑中建了一座高层望楼，用以眺望昭陵。有一次，李世民带领魏徵一同登上望楼，让他观望。魏徵仔细地看了很久，说：“我老眼昏花，什么也看不清。”李世民指着昭陵让他看，魏徵说：“我以为陛下要眺望献陵（唐高祖的陵墓），如果是昭陵（长孙皇后陪葬于此），我早就看见了。”唐太宗听魏徵这么一说，悲伤地流下了眼泪，为此而拆掉了望楼。

魏王李泰，长孙皇后所生，是皇太子李承乾的弟弟，聪明绝伦，深受李世民的宠爱。有人对李世民说：“三品以上的大臣多轻视魏王。”这些人的用意在于诬陷侍中魏徵等人，以激怒李世民。李世民果然大怒，驾临齐政殿召见三品以上大臣，让他们坐定，对他们大发雷霆，怒气冲冲地说：“我有一句话向你们各位说说。以前的天子就是天子，今天的天子就不是天子了吗？以前天子的儿子是天子的儿子，今天天子的儿子就不是天子的儿子了吗？隋文帝在位时，一品以下的大臣都要受到亲王们的侮辱，我当然不会放纵皇子们横行霸道，所以你们容易和他们来往。朕听说三品以上的大臣多轻视魏王，难道魏王不是帝王之子吗？朕如果放纵皇子们胡来，难道不能羞辱你们这些人吗？”房玄龄等人吓得发抖，都跪下来谢罪。只有魏徵声色俱厉地说：“现在当朝的各位大臣，一定没有人敢轻视魏王。按照礼制，大臣与皇子的地位是一样的。《春秋》上说：周天子的人即使微贱，也要位列诸侯王之上。诸侯，委任他们为公就是公，任用他们为卿就是卿。假如不任用他们为公卿，就在下事奉诸侯了。现在三品以上的，列为公卿，都是天子的大臣，受到陛下的尊崇礼遇。即使他们稍有不对，魏王怎么能动辄加以侮辱？假如国家的法制纲常遭到破坏，这后果就不是臣所能知道的。在当今圣明的时代，魏王哪能这样做！况且隋文帝不懂礼仪，偏袒诸王，使他们放纵无礼，不久就因犯罪而被废黜。这不能作为榜样，又有什么值得称道的呢？”李世民听了魏徵这番话，怒气顿消，高兴地对群臣说：“魏徵讲得条条在理，朕不得不口服心服。我所讲的话，出于自身的私情偏爱。魏徵所讲的话，合乎国家的根本大法。身为君主讲话哪能这样轻率呢？”

贞观十一年（637），李世民营造飞山宫，魏徵上疏认为：“隋炀帝依恃国家富强，不忧虑后患，穷奢极欲，使百姓穷困，以至于被人杀死，社稷变为废墟。陛下拨乱反正，应当深思隋朝灭亡和我大唐取得天下的原因，拆掉隋帝高大的殿宇，安居于低矮的宫室。假如凭借旧基址而扩建增修，承袭旧殿而加以华丽的装饰，这便是以乱代乱，必然招来祸殃，江山难得易失，能不慎重考虑吗？”

同年，李世民巡视，快要到洛阳时，住宿于显仁宫，管理宫廷苑囿的官吏不少人被指责惩罚。侍中魏徵进言道：“陛下现在巡幸洛阳，因为这里是过去征战行军的地方，接近于安定，所以打算给乡亲故老多一些好处。但现在城内外的百姓还没有蒙受德政恩惠，苑监官吏就有不少人无辜受罚，有的是因为供奉的东西不精美，还有的是因为没有贡献美味佳肴，这就是私欲不知足，一味想奢侈豪华。既然违背这次巡行的初衷，怎么能符合百姓的期望呢？隋代的君主出巡事先让臣下多多地贡献美食，贡献的美食不多，就施以威力责罚，上边有所好，下边必然层层加码，相互攀比，没有止境，于是最终亡国。这件事并不是从历史记载上知道的，而是陛下目睹的。正因为隋君无道，所以上天才命陛下取而代之。应当小心翼翼，每件事情都要俭省节约，而且要走在过去君王的前头，用实际行动昭示教训后代子孙，怎么能在今天甘居于其他君王之下呢？陛下如果以为满足，今天不能说不满足。如果以为不满足，比现在好上一万倍，也不能满足。”李世民很吃惊地说：“不是你，我听不到这番话，从今以后，大概不会再发生这样的事情了。”又对长孙无忌等人说：“朕从前经过这里，买饭而食，租房而宿，如今食宿达到这种程度，怎么能嫌不充足呢？”

贞观十一年（637）八月，李世民对身边的大臣说：“有上封事说我游猎太频繁，今天下太平无事，武备不可忘，朕经常与身边的人到后苑射猎，没有一件事烦扰百姓，这有什么害处呢？”魏徵说：“先王唯恐听不到有人谈论其过错。陛下既然让谏官上封事，就应该允许他们无拘束地陈述意见。如果他们的话可取，一定对国家有利；假如不可取，听听也没有害处。”李世民说：“你说得很对。”

贞观十一年（637），李世民对侍臣说：“我昨天去怀州，有上封事的人说：‘为什么经常派山东的众丁在苑内进行营造？现在的徭役，似乎不比隋朝轻。怀洛以东，因徭役致残的人难以为生，而陛下田猎越来越多，真是一个骄奢淫逸的君主啊！春蒐、夏苗、秋狝、冬狩，既然是帝王的常礼，今日来怀州田猎，丝毫与百姓不相干。凡上书规劝帝王，自然有通常的准则，臣下贵在看到君主有过失敢于讲话，君主贵在能改正错误。这样的诋毁之词，好像诅咒一样。”侍中魏徵上奏说：“国家广开直言之路，所以上封事的人尤其多。陛下亲自批阅，希望臣下的话有可取之处，所以投机取巧的人乘机肆意出丑。一般臣下规劝帝王，特别需要恰如其分，从容讽喻规劝。汉元帝曾以酎酒祭祀宗庙，从便门出来，乘御船，御史大夫薛广德挡住圣驾脱帽说：‘应当从桥上走，如果陛下不听我的劝告，我就自刎，用脖子上的血沾污车轮，陛下就不能进宗庙了。’元帝很不高兴。光禄卿张猛进言说：‘臣听说君主圣明臣下才忠直，乘船不安全，从桥上走安全。圣明的君主不应冒险，薛广德的话可以听。’元帝说：‘晓人以理也不应当这样嘛！’于是从桥上走。由此说来，张猛可以说是忠直规劝君主啊！”李世民非常高兴。

贞观十二年（638），礼部尚书王珪上奏说：“三品以上的大臣在路上遇到亲王都要下马，这不符合礼仪，也违背朝廷的典章制度。”李世民说：“你们这些人想抬高自己，贬低我的儿子吗？”魏徵对答道：“汉魏以来，亲王的排列位次都在三公之下。现在三品以上的官员都是六部尚书、九卿，在路上遇到亲王下马，实在是不合适。过去既无先例，现在实行的又违背国法，于道理上也讲不通。”李世民说：“国家确立太子，是打算让他将来做皇帝的。人的寿命长短难以预料，万一太子不幸夭亡，则同母的弟弟可以按次序立为太子，由此而言，谁能知道哪个皇子将来做你们的君主呢？你们怎么能够轻视我的儿子呢？”魏徵答道：“殷人崇尚质朴，有兄死传位给弟弟的先例。自周朝以来，实行嫡长子继承制，这是为了杜绝庶子觊觎皇位，堵塞产生祸患的根源。作为治理国家的国君，对此应该特别慎重。”于是李世民批准了王珪的奏请。

司门员外郎韦元方没有及时给外出办事的宦官签发过关凭

证，宦官向李世民反映，引起李世民大怒，贬韦元方为华阴县令。魏徵劝谏说：“帝王不可轻易震怒，前几天为出使宦官的事，连夜发出敕令，事如军机要务，谁不惊骇！况且宦官之徒，自古以来很难调理，说话轻率，容易产生祸患，让他们单独出使远方，也很不合适，此风不可长，应当特别慎重。”唐太宗听从了魏徵的意见。

李世民亲自整治军队，见队列不整齐，命大将军张士贵杖责中郎将等，又恼怒他打得太轻，将张士贵交给法官审讯。魏徵劝谏道：“将军是国家的爪牙，让他执杖责人，已经不足为后世效法，何况只因为他打得轻就将他交给法官处置呢？”李世民急忙下令放了张士贵。

西突厥沙钵罗叶护可汗多次派遣使者入京朝贡。贞观十五年（641）七月，李世民命左领军将军张大师持旌节前往西突厥就其原来的名号立沙钵罗叶护为可汗，赐给他鼓和大旗。李世民同时又命令使者多带一些金银财物，在沿途经过的各国购买良马。魏徵对李世民说：“今派遣使者以册立可汗为名，可汗的地位还没有确立，即到各国买马，他们一定认为陛下意在买马，只是以册立可汗为名而已。如果立了可汗，他们也不会太感恩戴德；如果可汗不得立，他们的怨恨必深。西域各国听说此事，也会轻视我大唐。买马也许买不成，即使买成了也并非好事。如果能使西突厥安定，那么，各国的良马不用买自然就会送上门来。从前汉文帝时，有人献千里马，文帝说：‘我巡幸祭祀，每日走三十里，行军打仗，每日走五十里，銮舆走在前面，侍从跟在后面，我单独骑千里马，将去哪里呢？’于是赏赐给献马人路费让他回去。再有，汉光武帝时有人进献千里马和宝剑，汉光武帝用千里马拉载鼓的车，把宝剑赏赐给骑士。现在陛下的所作所为，都远远地超过了禹、汤和周文王，怎能到如今还想居于汉文帝、光武帝之下呢？另外，魏文帝搜求购买西域的大宝珠，苏则说：‘如果陛下的恩惠遍及四海，那就用不着搜求购买，宝珠自然有人送上门来。要是想方设法求取得来，那是不足为贵的啊！’陛下纵然不能仰慕汉文帝的崇高德行，但不敬畏苏则的正直言论吗？”李世民欣然接受魏徵的意见，停止了买马的事。

左仆射房玄龄、右仆射高士廉在路上遇见少府监窦德素，问道：“北门近来在营建什么？”窦德素便把有关情况告诉了房、高二人。过后窦德素将此事奏与李世民。李世民很生气，责备房玄龄等人说：“你只管南衙的政事就行，我在北门建造一点房屋，与你有什么相干？”房玄龄等人连忙磕头请罪，向李世民表示歉意。魏徵进言道：“我不理解陛下为什么责备房玄龄等人，房玄龄等人又为什么向陛下谢罪？房玄龄等人既然身为朝廷大臣，那就是陛下的股肱耳目，对于宫内宫外的一切事情岂有不应该知道的！责怪他询问窦德素有关宫内的营建情况，我有些不能理解。如果宫内营建是合适的，他们一定会帮助陛下促成其事；如果不应当营建，他们就会请陛下停止。所以，房玄龄等人询问窦德素一些情况，也是理所当然的事情。房玄龄等人既然没有过错，而陛下斥责他们，我有些不理解；房玄龄等人不知道自己的职守，只知道向陛下磕头请罪，我也不理解。”李世民听了魏徵的这些话，深深地感到惭愧。

贞观十四年（640），李世民到同州的沙苑狩猎，亲自与猛兽格斗，经常早出夜归。魏徵上奏说：“我听说《尚书》记载赞美周文王不敢贪乐于狩猎，《左传》转载《虞箴》里的话讲的是要后人警示后羿贪射不理国事而身亡的事。过去汉文帝面临陡坡想奔驰而下，袁盎拉住马缰绳说：‘圣明的国君不冒险、不侥幸，现在陛下乘飞驰的六匹马拉的车，奔驰在高低不平的山地里，如果发生马惊车翻的险情，陛下纵然不看重自己，但又怎么能对得起祖先呢？’孝武帝也爱好狩猎，喜欢与猛兽格斗，司马相如劝谏说：‘力气大要数乌获，敏捷要算庆忌，诚然有人像乌获那样力大无比，像庆忌那样敏捷似箭，野兽也必然有这样异常力大敏捷的。骤然遇上这种特别凶猛的野兽，在难以生存之地惊慌失措，虽然有乌获、庆忌那样的本领也用不上，而软弱无力的人更要遭难。即使万无一失，而没有什么灾祸，然而也不是天子本来应该做的。’孝元帝到郊外祭祀天神，想借机留下来打猎，薛广德说：‘我私下看到关东地区极其贫困，百姓流离失所，天灾人祸不断，今天敲响已灭亡的秦王朝的丧钟，唱郑、卫两国的靡靡之音，士卒暴露在旷野之中，随从的官员劳苦疲倦不堪，陛下要想安定宗庙社稷，为什么做涉水过河、徒手打虎这样冒险的事而不警戒呢？’我私下考虑这几位皇帝的心难道是石头、木头做的，唯独他们不爱好驰骋打猎的乐趣吗？而他们之所以放弃自己的爱好克制自己，听从臣下的劝阻，是因为他们志在保全国家，而不是为自身考虑。我听说陛下最近出去，亲自与猛兽格斗，早上出去晚上回来，以万乘之尊的帝王，暗地里行动于荒凉的旷野，走进深深的密林，踏着茂密的草地，这绝不是万无一失的办法。希望陛下割除个人爱好的娱乐，停止与野兽格斗的乐趣，上为宗庙社稷着想，下为安慰百官和亿万百姓。”李世民说：“昨天的事属于偶然的一时糊涂，不是历来都这样的，从今以后要深深地以此为戒。”

贞观十六年（642），李世民让魏王李泰迁居武德殿，魏徵上奏说：“陛下宠爱魏王，常想让他安全，正应当多多抑制他的骄奢习气，不让他处于嫌疑之地。如今移居武德殿，位在东宫西面，当年李元吉曾在此住过，当时的人都认为不合适，虽然时过境迁，但我也担心魏王的内心恐惧，不敢安逸享乐。”李世民说：“如果你不说，差一点造成失误。”立即让魏王李泰搬回原宅第。

魏徵不仅以“至公”为上，直言敢谏，能言善谏，为诤臣典范，而且论道佐时，佐太宗李世民广开言路，大兴诤谏之风。他不仅给“贞观之治”带来了勃勃生机，而且对大唐盛世乃至于后世，都有着无可估量的深远影响。他对于古代谏术思想的总结、取舍与发展创新，都大大丰富和扩充了君主专制时代的谏术理论宝库。

第八章

千秋金鉴

一、诸多官职

第一，担任谏议大夫。

武德九年（626）玄武门之变结束以后，李世民不计前嫌，引魏徵为詹事主簿，旋拜谏议大夫。而后，王珪亦任谏议大夫，当是李世民出于如下考虑：他们二人原为太子李建成的心腹，不宜不加考验就委以重任。谏议大夫一职既可以让他们参议朝政得失，考验他们的见识和能力，又毫无实权可言，因此把他们安排在这样的闲散职位上比较放心。魏徵深知自己的特殊身份，能够得到这样的安置已感万幸。他于是“竭其利用”夙夜孜孜，开始展现了非凡的才智、品格和风貌。

第二，担任尚书右丞。

贞观元年（627）夏秋之际，魏徵被任命为尚书右丞，仍兼谏议大夫。虽说尚书省是掌国务大权的最重要部门，右丞权力也不能算小，但让魏徵担任此职仍不能说明是对他的重用，当时尚书左仆射是萧瑀，右仆射是长孙无忌，地位都比他显赫得多。门下省侍中为高士廉，中书省中书令为房玄龄。唐朝的宰相制度因袭隋制，以尚书省左、右仆射，门下省侍中和中书省中书令为宰相正官，谓之“真宰相”。左、右仆射不仅是尚书省实际长官，与中书令、侍中同为相职，而且在众位宰相中还具有超出于他相之上的首席地位。

贞观元年（627）始以他官与宰相相事，一是以资格较浅的官员加“参议朝政”“参知政事”“参知州务”之类名号与宰相事，一是给一些老资格的功臣元勋加“平章事”或“同品”名号，使其得以继续与闻宰相事务。所以当时高士廉、房玄龄均为宰相正官，级别比魏徵高出一品，资历、地位都比魏徵显赫得多。

就尚书左右丞而言，左丞为四品上，右丞为四品下，右丞比左丞地位低，当时担任左丞的戴胄，过去的经历比魏徵要体面得多。他在隋末的朝廷中就小有名声，当过越王杨侗的给事郎，以抗言敢谏而闻名。后当王世充的郑州长史，在虎牢关大战中被李世民俘获，直接纳入秦王府集团，被委任为秦王府士曹参军。这一点与魏徵有着重要区别。魏徵在窦建德兵败归唐之后，被太子李建成引直洗马，投入了与李世民针锋相对的宫府集团，于玄武门之变中失败。当魏徵成为李世民阶下囚的时候，戴胄则被提升为兵部郎中，封男爵，不久又提拔为大理寺少卿，成为中央司法审判机关的主要负责人之一。贞观元年（627），他也以敢谏忠直为李世民赏识，故授以尚书左丞，协助宰相们执法断事，参议得失。贞观二年（628），杜如晦以兵部尚书检校侍中，不久又升任尚书右仆射。

再从朝臣的资历和同李世民的实际关系来看，魏徵处于不利地位。长孙无忌是李世民的妻兄，原是布衣之交，情谊厚重，高士廉是长孙无忌和文德皇后的舅父，在长孙无忌兄妹之父长孙晟去世之后，其舅父将他们母子三人接回家中，相待甚厚，恩重如山。高士廉因“见太宗潜龙时非常人”，便“以晟女妻焉，即文德皇后也”（《旧唐书·高士廉传》）。高士廉与李世民的关系非同一般。房玄龄、杜如晦均为昔日秦王府心腹重臣，玄武门之变的直接策划者。贞观初期，房、杜共掌朝政，人称“房杜时代”。面对皇亲国戚和秦王府旧部，魏徵的难处是可想而知的。

就连与魏徵同是东宫官属的王珪，蒙受的提拔晋用也比魏徵顺利得多。贞观元年（627），王珪就以黄门侍郎的要职参与朝政，与宰相事，第二年，就升任门下省侍中，担任了宰相正官。而魏徵直到贞观三年（629）才以秘书监参与朝政，直至贞观七年（633），才代王珪为侍中。李世民对王珪的重用显然超过了魏徵。这可能与王珪出身比魏徵高贵一些，过去的官职比魏徵大一些有关。然而，更深层次的原因，恐怕还是与二人在东宫与秦王府对抗时期所起的作用不无关系吧！李世民曾多次讲述诸如“卿罪重于千钧，朕任卿使卿逾于管仲”这类的话。“罪重于千钧”，这是多重的字眼，可见魏徵在为太子李建成设谋中所起作用之重。因而李世民对他的重用考虑就多，考验也长。

第三，担任秘书监。

贞观三年（629）二月，魏徵以秘书监参与朝政。秘书监为秘书省长官，从三品，唐代秘书省有国家图书馆及档案馆的性质，领著作、太史二局，著作局掌撰碑志、祝文、祭文及官员传记材料等；太史局管天文气象。秘书监虽然算不上什么要职，但以此职参与朝政，便成为宰相之一，即进入了唐王朝最高决策机关。魏徵任此职直至贞观七年（633）三月，历时四年。

魏徵任秘书监以后，恪尽职守。据《旧唐书·魏徵传》记载：

“徵以丧乱之后，典章纷杂，奏引学者校定四部书。数年之间，秘府图籍，粲然毕备。”《旧唐书·经籍志》总序中也说：“贞观中，令狐德棻、魏徵相次为秘书监。上言经籍亡逸，请行购募。并奏引学士校定，群书大备。”

可见，魏徵在担任秘书监时期，在先前整比图籍的基础上，又组织人力在民间购募，收求经籍，并对秘府图籍进行了大规模的整理和校定。魏徵编撰四部书定稿，四部书即《经籍志》四部，后来编入《五代史志》，又并入《隋书》，称《隋书·经籍志》。

自大唐立国，不乏编修前朝正史的议论。唐武德五年（622），起居舍人令狐德棻就提出了撰修梁、陈、齐、周、隋、魏六朝史的建议。唐高祖李渊采纳了这一意见，并于次年十二月下诏修史，任命了各史的修撰人员。但是，由于“侍中以下各居权要，既不相统摄，撰者无所秉承，事历数年，竟无次序”。

贞观三年（629），魏徵任秘书监、参与朝政之后，复奏请修撰除《魏书》之外的五代史（由于当时魏收主撰的《魏书》较为详备，不予重修）。唐太宗李世民采纳了这一奏议，复敕修撰五代史，并且确定了各史的修撰人选：命礼部侍郎令狐德棻与秘书郎岑文本修周史，中书舍人李百药修齐史，著作郎姚思廉修梁史、陈史，秘书监魏徵修隋史，命尚书左仆射房玄龄总监诸史。然而，房玄龄身为宰相正官，总司百揆，只能是名义上的总监。于是，李世民“乃使秘书监魏徵总知其务。凡有赞论，徵多予焉”。因而，魏徵便成为事实上的总监。由此开创了以宰相监修国史的先河。宰相监修国史，有力地保障了五代史修史工作的顺利进行。元代史学家胡三省称道说：“唐以宰相监修国史，至今因之。”

魏徵作为事实上的总监，是极其认真、恪尽职守的。一是注重统一修史思想，贯穿了“以史为鉴”和“会通古今，观其沿革”的“通变”精神；二是组织修史人员访求遗老、采访活史，以补史料的缺欠；三是倡导和贯彻“秉笔直书”的治史原则。魏徵亲自撰写了《隋书》的全部序论，并审定其他四史，为梁、陈、齐诸史撰写总论，“裁定去取，咸资笔削，多所损益，务求简正”。他所写的序论和总论，计五万余言，内容包括北齐八帝总论、梁四帝总论、陈五帝总论、陈后妃总论，以及《隋书》的全部序论。其中对隋文帝、炀帝的评论，总结隋朝亡国的教训，甚有见地，成为魏徵向唐太宗李世民进谏的主要史料依据。

魏徵成功领衔修史，不仅使他跻身勋爵最高的人臣之列，而且在我国古籍“二十四史”中，领修五史，稳稳地确立了他伟大史学家的历史地位。

贞观初年，魏徵奉敕主编了旨在为帝王提供龟鉴的《群书治要》这一传世之作，参与编纂的还有虞世南、褚亮、萧德言等。《群书治要》成书于贞观五年（631）九月，共五十卷。

关于《群书治要》一书的编辑宗旨、特色及价值，魏徵在他撰写的序言中作了简明扼要的介绍。

为了给皇上提供史鉴，该书选取的主要内容为：明君屈己以救时，昏君乐身以亡国或暗君业成而致败的事例，“以著为君之难”；忠良之臣“立功树惠，贞心直道”，大奸巨猾、社鼠城狐对国家的危害，“以显为臣不易”，实为提醒太宗注意辨别臣下的忠与奸，做一个明君；历代可以“作训垂范”的嘉言美事，为皇上提供治国安民的借鉴；懿后良妃和亡国艳妻的事例，“以备劝诫”。

魏徵认为，《群书治要》“用之当今，足以鉴览前古。传之来叶，可以贻厥孙谋”。这样的评价，在今天看来，仍不失为高明的论断，其“贻厥孙谋”早已超越了李唐子孙，而成为中华乃至友邦万世子孙的极为宝贵的精神财富。

第四，担任侍中。

贞观七年（633），魏徵升任侍中，成为宰相正官，他在朝廷中的地位无疑是提高了。但从当时整个宰相班子的阵容来看，他的处境也是不利的。当时房玄龄任尚书左仆射已经四年，地位十分巩固。右仆射李靖与李世民有着深厚的情谊，他在李渊攻克长安之初几乎被斩首，全靠李世民再三请求才免一死，被李世民召入秦王府之后，成为李世民打天下时最为得力的军事指挥家。他在贞观二年（628）就以刑部尚书的本官兼任中书令，出将入相，进入最高权力圈。当时得以参与朝政的，还有右卫大将军、兵部尚书侯君集和检校吏部尚书戴胄。侯君集是秦王府旧部，玄武门之变的策划者和核心参与者之一，在贞观四年（630）进入了宰相班子。戴胄经由尚书左丞、民部尚书、吏部尚书，于贞观四年（630）成为宰相。以上宰相班子的成员，在贞观以前，都与李世民有着特殊的关系，都有特殊的背景和雄厚的政治资历，而且没有什么政治嫌疑，皇帝对他们的信任和重用都超过魏徵。

第五，担任特进。

贞观十年（636）六月，魏徵恳请逊位让贤的愿望获得太宗恩准，拜为特进。特进为唐代散官第二等，阶品为正二品。诏“仍知门下事，朝章国典，参议得失；自徒流以上罪，详事奏闻。其禄赐及国官防合等，并同职事”，可谓恩礼有加。

从贞观十年（636）六月魏徵拜特进，直到贞观十七年（643）正月病逝的七年间，唐初经济、政治、文化、外交取得了空前辉煌的成就，呈现“四夷宾服，天下无事，诚旷古所未有”的局面。在如此巨大的盛世面前，李世民这个位尊至极的皇帝开始向贪图享受、不悦谏诤的方向转变；许多贵族、官僚在取得高官厚禄以后，为了保持既得地位和利益，便明哲保身，不敢对太宗的错误和缺点提出批评，甚至投君王所好，怂恿奢华。

面对这种情势，魏徵不改初衷，就一切机会和场合向太宗提出规谏。从施政方针、任贤纳谏，到居家巡行，凡是有乖君德的言行，他都及时提出忠告。他的谏诤，均承蒙太宗采纳，故得以匡正君非，辅正朝纲。魏徵为推进贞观盛世的拓展，鞠躬尽瘁，奉献了全部精力。魏徵高居深视、激浊扬清、直言敢谏、刚正不阿的为官品德，升华到更高的境界。

二、嫌隙难弥

在“房杜体制”时期，房玄龄任左仆射，杜如晦任右仆射。杜如晦在贞观四年（630）英年早逝之后，由李靖接替这一职务达五年之久，后由温彦博继任两年，然后是高士廉接任。直到贞观十七年（643）魏徵去世时，依然是房玄龄任左仆射，高士廉任右仆射。魏徵终其一生，始终未担任仆射之职，“房杜体制”始终未变成“房魏体制”。这就证明：魏徵在贞观朝的实权一直不能与房玄龄、李靖等相比，当然更无法与长孙无忌、高士廉相提并论了。

再从魏徵任侍中时宰相班子成员的年龄来考察，贞观七年（633）魏徵五十四岁，房玄龄五十五岁，萧瑀六十岁，李靖六十三岁，高士廉五十八岁，长孙无忌年龄无考。这一年，李世民三十七岁，比魏徵年少十七岁，把魏徵当作师傅看待也是合乎情理的。但与其他宰相相比，除房玄龄与魏徵年龄不相上下之外，其他均长魏徵五到九岁。因此在政事堂议政时，他未免显得年轻资浅。与李世民的亲近程度来看，他非但比不过皇亲国戚、秦王府旧部，而且还有夙嫌。他担任侍中，所承受的压力，所要迎接的挑战，是可想而知的。

魏徵担任侍中之初，就以患目疾为由，屡次提出辞职申请。他确实眼力不佳，身体健康欠佳，提前退休，固然是重要的原因。那么，还有没有其他缘故呢？《旧唐书·魏徵传》中寥寥数语，道破了个中奥秘："魏徵自以为无功于国，徒以辩说，遂参帷幄，深惧满盈，后以目疾频表逊位。"魏徵自己感到在唐朝建立时没什么战功，在玄武门之变时更无功绩可言，光靠发表言论、提意见和建议就进入国家最高权力圈，深惧满而招损。他跻身于这个由唐朝开国元勋、秦王府旧属和士族达官、皇亲国戚组成的最高权力圈，是注定会感到难以承受的重压的。他与唐太宗李世民、皇亲国戚和秦王府旧属们之间的心理隔阂是挥之不去、难以消除的。

从理性上讲，唐太宗李世民认识到君臣之间应契叶云龙，义均鱼水，号召大家不计前嫌，魏徵也强调不应"存形迹"，但从感情上，双方不可能完全做到。玄武门之变时的阵营关系像一道永不消失的魔障，时隐时现地阻隔在他们之间。唐太宗李世民出于实现远大政治抱负的需要，与魏徵结成了政治联盟，他需要魏徵为之出谋划策，指陈得失，感到不能离开这位诤臣、良师。他经常警示自己以理智控制感情，但既然感情深处存在着芥蒂，便不可能隐忍得十分彻底，时不时会有所流露。至于王室权贵，秦王府旧属们对重用魏徵的不满情绪乃至怨恨，就更不用说了。太宗即位之后，并没有也不可能对王室权贵都予以重用，比如皇叔李神通就未能取得参与朝政的职位，他曾在朝堂之上批评太宗："臣举兵关西，首应义旗，今房玄龄、杜如晦等人专弄刀笔，功居臣上，臣窃不服！"他连房、杜这样的太宗股肱重臣都瞧不上眼。

同时，李世民即位之后，并没有全用旧部，尽除异已。他不能让往日的旧属功臣形成一个无法驾驭的集团，因而适当削弱他们在新政权中的比重，闲置了一批昔日的忠诚部属。而对于昔日的敌对势力和异已力量，则尽量宽大为怀，以利于局势的安定。对其中德才兼备的人士如魏徵等大胆提拔重用，一方面是安人理国的需要，另一方面将这些人引进到新政权中，还可以起到抵制老部下和心腹嫡系力量的作用，以达到权力平衡，便于君主调节控制的目的。这自然是李世民驭臣之术的高明之处，再加上李世民采用了魏徵的主张，实行以文德治天下的大政方针，重用知识分子，建立文官体制，原秦王府的骁将功臣有许多人就被闲置和冷落了。这当然引起他们对李世民的埋怨和不满。

李世民即位不久，房玄龄就曾向他反映，秦王府老部下中许多没有被提拔升迁的人，都充满了牢骚埋怨之情，说他们侍奉在皇上左右那么多年了，出生入死、肝脑涂地、坚贞不二、忠心耿耿，如今安排官职，却比不上前东宫和齐王府的人，真让人寒心。这东宫和齐王府的人，当然包括魏徵、王珪、韦挺等。那些在新政权建立后被闲置和冷落的人，自然而然把对李世民的不满、愤懑转嫁到魏徵等人头上，并且由不满和嫉妒激化为愤怒和仇恨，动不动使“毁短百为”，说三道四，必欲除之而后快。

三、不白之冤

武德九年（626）九月，李世民在东宫显德殿即位，为唐太宗。同年十月，太宗立皇子李承乾为皇太子，时年仅八岁。李承乾是唐太宗的嫡长子，长孙皇后所生，生于承乾殿，因以为名。李承乾小时候很聪明伶俐，太宗非常喜欢他。贞观四年（630）七月，唐太宗选择德高望重的李纲为太子少师。李纲为太子讲述君臣父子的处世原则以及问寝视膳的礼节，道理通达，辞色严肃，李承乾听而忘倦，并与老师探讨自古以来君臣之间必须遵循的原则以及臣子竭诚尽忠尽孝的事。李纲每次发表评论，都慷慨陈词，有不可夺之志，年仅十二岁的李承乾对李纲肃然起敬，虚心接受老师的教诲。李承乾长大以后，为了培养他的办事能力，唐太宗开始让他学习处理朝政。李世民居丧期间，庶政皆令听断，有时李世民离开京城出巡，常令太子承乾居守监国。李承乾在处理政事时，颇识大体，太宗对他很信任，众大臣也皆以为明。

但是，太子承乾生于深宫之中，长于妇人之手，成人以后，由于生活条件的优越、尊贵无比的地位，他逐渐沾染了奢侈腐化、喜好声色、生活散漫的纨绔习性。他只畏惧其父，尽量避免让他的父亲知道他的劣迹。当李世民发现李承乾不争气以后，并没有放弃对他的教育和培养。贞观五年（631）六月，太子少师李纲病逝，李世民又任命于志宁、李百药为太子左、右庶子，负责教育太子。于志宁因太子承乾多次违背礼法，耐心地说服教育他，撰写《谏苑》二十卷以规谏太子。李百药针对太子颇为留心典籍及喜好声色游乐的特点，写了一篇《赞道赋》，用古往今来储君的成败之事讽谏太子。但是收效甚微。太子承乾极力掩饰自己的胡作非为，害怕被父皇知道。在东宫臣僚面前经常谈论忠孝之类的雅言，有时甚至流泪，回到宫里则与一群小人戏耍嬉游。宫中臣僚有人想要劝谏，太子承乾先揣摩出他的意思，然后迎上前去行礼，神色严肃，正襟危坐，引咎自责，言辞狡辩，使进谏的臣僚拜答都来不及，更无从插话。东宫内部的秘密，外面的人无法得知，所以当时朝廷上的大臣议论起太子承乾，颇多称赞之词。

然而，李承乾的所作所为并不能瞒过李世民。李世民考虑到李承乾虽有过失，但是年轻无知，还是可以教育的。贞观七年（633），李世民在李百药离职以后，又物色了中书侍郎杜正伦为太子右庶子。杜正伦曾为秦王府文学馆学士，在贞观初年又以直言极谏而闻名朝野。太宗想利用他的直言敢谏，与太子左庶子于志宁共同辅佐太子。

太子承乾患脚病，不能拜见太宗，于是，一些邪恶小人便引诱太子走上侈纵日甚的放荡邪路。于志宁、杜正伦的苦谏，都没有使太子改邪归正。杜正伦便把太子的表现向太宗作了汇报。李世民说："我儿承乾如果仅有脚病还说得过去，只是他疏远贤良，亲昵小人，你可以劝谏教诲，如果他实在无可救药，请你来告诉我。”杜正伦遵照唐太宗的指示，多次规谏太子，没有奏效。最后他将太宗对他讲的话告诉太子，以此震慑太子，使他改过自新。可是，李承乾将此事向父皇奏闻，李世民感到非常难堪，责怪杜正伦泄露圣意。杜正伦说：“我想用陛下的话恐吓太子，希望他能弃恶从善。”李世民大怒，贬杜正伦为谷州刺史。从这件事也可以看出李世民对李承乾的不满。

这次风波以后，李世民又选中当时的硕儒孔颖达为太子右庶子，以匡正太子的过失。孔颖达常常不顾太子的情面进行规劝，但太子承乾仍无悔改。贞观十二年（638），李世民迁孔颖达为国子祭酒，又任命著名谏臣张玄素为太子右庶子。

由于太子承乾嬉游无度，不听臣僚的规谏，辜负了李世民对他的殷切期望。于是，李世民逐渐疏远了他。贞观初年，李世民亲自驾临东宫，询问李承乾的学业。贞观七年（633）以后，李世民不再临幸东宫，也很少和太子谈论。

李世民在疏远太子承乾的同时，开始宠爱魏王李泰。李泰是长孙皇后所生，太子承乾的胞弟，太宗的第四子。李泰相貌英俊，聪敏绝伦，文辞美丽，得到太宗的宠爱。自贞观十年

（636），李世民开始有意谋立魏王李泰为太子。这一年，李世民下诏任命宗室诸王为各州都督，分赴外任。魏王李泰为相州都督，李世民只留下他在京城不赴任，由金紫光禄大夫张亮代行李泰的相州都督职权。从此以后，魏王李泰越来越受到李世民的恩宠。

李世民极力抬高魏王李泰的地位，有人上告太宗说，朝廷三品以上大臣多轻视魏王，太宗便把房玄龄等三品以上大臣召来，当面训斥一顿，吓得房玄龄等人连忙磕头谢罪。李世民偏爱魏王李泰的做法，引起了一些朝臣的反对。贞观十一年（637），王珪、魏徵从封建礼仪方面奉劝太宗不要过分宠异李泰。谏议大夫褚遂良更是直言不讳地说："圣人制定礼仪，是为了尊嫡卑庶，供太子用的物品不作计算，与君王待遇相同，对庶子虽然喜欢，也不能超过嫡子的待遇，这是为了避免嫌隙，除去祸乱的根源。如果应当亲近的人反而疏远，应当尊贵的人反而卑贱，则那些奸佞之人必然会乘机而动。从前，西汉窦太后宠信梁孝王，梁孝王最后忧虑而死；汉宣帝宠信淮阳王，淮阳王也几乎导致败亡。如今魏王刚刚离开皇宫做藩王，应该向他昭示礼仪制度，用谦虚节俭的精神来教育他，如此才能使他成为良才。这就是所谓'圣人之教不肃而成’。”在众多朝臣的反对下，李世民不得不放弃立魏王李泰为太子的打算。

太子承乾被唐太宗疏远以后，深感自己的太子地位将要不保，同时感到魏王李泰对自己的严重威胁。在这种情况下，太子承乾不但不悔悟改过，争取重新获得太宗的好感，反而满腹怨恨，自暴自弃，沉湎酒色，日益胡作非为，并且走上了与魏王李泰明争暗斗，最后阴谋发动政变的危险道路。

贞观十三年（639），太子承乾多次以游猎荒废学业，右庶子张玄素劝谏不听。贞观十四年（640），李世民听说右庶子张玄素在东宫多次规谏太子，便提拔他为银青光禄大夫，行左庶子。贞观十五年（641），太子詹事于志宁因遭母丧而离职，不久服丧未满重新复职。当时太子承乾修筑宫室，妨碍农事，又喜爱郑、卫靡靡之音。于志宁反复劝谏，太子不听。太子又宠信亲近宦官，常让他们不离身边。贞观十六年（642）六月，李世民下诏，自即日起皇太子领用府库之物，各有关部门不必加以限制。于是，太子承乾更加挥霍无度。左庶子张玄素上奏说：“周武帝平定关东，隋文帝统一江南，勤俭节约，爱护百姓，均成为一代名君；但他们的儿子不肖，终于导致社稷覆亡。圣上因与殿下既有父子之情，又是君臣关系，办事既是家事又是国事，所以对太子所用之物不加以限制。圣旨颁布未超过六十天，所用之物已超过七万，骄奢淫逸达到了极点，没有人能够超过。况且东宫臣属与正直之士，都没有在身旁；各种奇技淫巧，充斥深宫。从外面看去，已有这些失误，里面不为人知的隐秘勾当，更是无法计算。良药苦口利于病，良言逆耳利于行。殿下应当居安思危，一天比一天谨慎行事。”太子承乾非常讨厌张玄素的话，让守门的奴仆乘张玄素上早朝的机会，暗中用大马棰袭击他，差一点将他打死。

贞观十六年（642）八月，李世民问：“现在朝廷中什么事情最为急迫？”谏议大夫褚遂良回答说：“现在四方安定，只有确定太子与诸王的名分最为紧要。”当时太子李承乾德行欠缺，魏王李泰受到唐太宗的宠爱，众大臣日益感到迷惑不解，李世民听到这种情况后十分忧虑，对身边的大臣说：“当朝的大臣们，没有人像魏徵那样忠诚正直，我任命他做太子的老师，以此杜绝天下人的疑心。”九月，李世民任命魏徵为太子太师。魏徵当时有病略有好转，亲自来到朝廷上表推辞，李世民手书诏令晓谕他：“周幽王、晋献公，废除嫡子立庶子，造成国家的危亡。汉高祖差一点废掉太子，幸亏张良请来‘商山四皓’辅佐太子，才得以保住太子的地位。朕如今依靠你，也是这个意思。朕知道你有病在身，可以躺在床上辅佐太子。”魏徵知道太宗的良苦用心，于是接受了这个职务。

汉王李元昌经常为非作歹，多次受到太宗李世民的斥责，因此心怀不满。太子承乾和他关系非常密切，朝夕形影不离，一同游玩。他们分身边的人为两队，李承乾与李元昌各自率领其中一队，身披毡甲，手拿竹制长矛，摆下战阵，大声呼喊着厮杀，击刺流血，以为娱乐。有不听命令的，分开四肢吊在树上，用皮鞭抽打，甚至有人被打死。

魏王李泰多才多艺，得到太宗的宠爱，他看到太子有脚病，便暗中产生夺取太子地位的想法。于是他礼贤下士，沽名钓誉。李世民让黄门侍郎韦挺管理魏王府中事务，后来又命工部尚书杜楚客取而代之，二人都为魏王李泰联络结交朝廷大臣。杜楚客有时怀揣黄金用以贿赂权贵，对他们说魏王如何聪明，应当立为太子；文武大臣，各有依托，暗中结为朋党。太子承乾担心魏王李泰威胁自已的地位，便派人诈称魏王府典签上书揭发李泰的罪过，唐太宗下令逮捕告状人，结果没有抓到。

汉王李元昌也劝太子承乾谋反，说："近来看到皇上身边有一个美人，善于弹奏琵琶，事成之后，希望殿下将美人赐给我。"太子应允。洋州刺史、开化公赵节，母亲是唐高祖的女儿长广公主；驸马都尉杜荷，是杜如晦的儿子，娶太宗的女儿城阳公主为妻。二人均与太子亲近，参与了谋反之事。凡是同谋者都割开手臂，用帛擦血，烧成灰混在酒中喝掉，发誓同生死共患难，暗中谋划率领兵马进入西宫。

贞观十七年（643）四月，太子卫士纥干承基上密报，告发太子李承乾谋反。李世民下令长孙无忌、房玄龄、萧瑀、李勣与大理寺、中书省、门下省一同审问，太子谋反的事情已经证据确凿。李世民对身边的大臣说："你们看如何处置承乾？"众位大臣不敢回答，通事舍人来济进言说："陛下不失为慈父，太子得以享尽他的天年，岂不两全其美！"李世民听从了他的意见，下诏废黜太子李承乾为庶民，幽禁在右领军府。李世民想要免除汉王李元昌的死罪，群臣执意争辩反对，最后决定赐他在家中自尽，宽宥他的母亲、妻子、儿女。侯君集、赵节、杜荷等人皆被处斩。左庶子张玄素、右庶子赵弘智、令狐德棻等人以不能规劝太子，均获罪免为庶人。其余应当连坐的，全部赦免。太子詹事于志宁因多次劝谏太子，例外单独受到嘉勉。太宗任命纥干承基为祐川府折冲都尉，赐爵平棘县公。

李承乾被废后，魏王李泰唯恐太宗立晋王李治为太子，李泰率领一百多骑兵到永安门，李世民下令让守门官员遣散李泰的所有护骑，带李泰一人进入肃章门，将他幽禁在北苑。

贞观十七年（643），唐太宗下诏立晋王李治为皇太子，并亲临承天门楼，大赦天下，全国会宴三天。李世民对身边的大臣说："朕如果立李泰为太子，那就表明皇太子的位置可以苦心钻营而得到。从今以后，太子失德背道，或藩王窥视、谋取太子之位的，都废弃不用，这一规定要传给子孙，永为后代效法。李泰如果为太子，则李承乾和李治均难以保全，立李治为太子，则李承乾与李泰均可以安然无恙。"司马光在《资治通鉴》中评论说："唐太宗并不以天下的重任交给他偏爱的儿子，以此来杜绝祸乱的根源，可称得上是深谋远虑啊！"

魏徵在唐太宗李世民易立太子的过程中，坚持嫡长子继承制的原则，反对太宗宠爱魏王李泰，对太宗有所启发。但是，魏徵不幸于贞观十七年（643）正月病死，以后太子李承乾谋反之事本来与魏徵毫无关系。等到李承乾谋反事败露以后，将原来的太子左庶子降职为交州都督（在此之前已降为谷州刺史）。起初，魏徵曾经推荐杜正伦与侯君集有宰相之才，请求任命侯君集为仆射，而且说："国家在安定的时候，不能忘记可能发生的危亡，朝廷不可以没有大将，各卫兵马应当委派侯君集专门管理。"李世民当时认为侯君集喜欢夸夸其谈，没有重用他。等到杜正伦因泄露皇上旨意罪被贬职，侯君集因参与李承乾谋反被处死，李世民开始怀疑魏徵有结党营私之嫌。又有人告发魏徵抄录自己前后在朝中的谏言给起居郎褚遂良看，太宗听后更加不高兴，于是解除了魏徵之子魏叔玉与唐太宗女儿的婚约，并毁坏了太宗亲自撰写的魏徵墓前的石碑。

贞观十九年（645），李世民亲率大军征高丽，结果没有成功。新城、建安、驻骅三次较大的战役，杀死高丽兵四万多人，唐朝将士死亡的将近两千人，战马损失十分之七八。李世民未能最后取胜，深感懊悔，叹道："如果魏徵在世的话，不会让我有此番出兵的。"命人乘驿马昼夜兼程赶到京城，用猪和羊祭祀魏徵，重新竖立贞观十七年（643）被推掉的魏徵墓前的石碑，征召魏徵的妻子儿女到唐太宗所在的地方，亲自加以慰问赏赐，魏徵蒙受的不白之冤得以平反昭雪。

四、与世长辞

贞观十七年（643）正月，魏徵病情日益恶化，多方医治，仍然不见好转。于是，李世民多次派人前去探望，并赐以药饵，送药的中使往来不断。魏徵平生俭朴，家中没有正厅。太宗为了抚恤魏徵，下令停止了正在为他本人兴建的小殿，而把材料用来替魏徵修建正厅，五天时间完成了正厅修建任务，并赐给魏徵屏风等物。太宗又依照他俭朴的生活习惯，赐给他素褥和布被，以满足他崇尚节俭的愿望。为了能够随时掌握魏徵的病情，太宗又命令宫里中郎将在他家中守候，随时报告病情。

太宗还决定把衡山公主嫁给魏徵的儿子魏叔玉，双方结为亲家。同时，太宗还多次亲自去魏府中探视，有时屏退左右，和魏徵整天谈心。这一天，太宗又亲往魏府探望。裴夫人率叔玉、叔璘、叔瑜跪迎皇驾。一行人进入内室，李世民来到床头，看着卧在帐中的魏徵，面黄肌瘦，气息浊重，瘦骨嶙峋，始终处于半昏迷半清醒状态，心中一酸，眼泪不禁潸然而下。其他人也轻声抽泣着。良久，魏徵清醒了过来。李世民轻声问道："魏卿，还有什么话要对朕说吗？”魏徵闻言心潮翻滚，思绪万千，很有感触地说：“寡妇不愁织布的纬线少，只是担心周朝的灭亡啊！”太宗十分感动，心想：魏卿在弥留之际，仍念念不忘大唐社稷的安危，可见对大唐之忠诚。

大唐贞观十七年（643）正月十七日，留在魏府的中郎将来报：魏徵因病医治无效，已于清晨溘然而逝。太宗听罢失声痛哭，顿时昏厥。噩耗传出，举朝上下大为震动。在早朝上，君臣压制住悲伤，共同商议为魏徵发丧之事。太宗说：“魏卿一生，为我大唐王朝的繁荣昌盛，贡献了他的聪明才智、忠心赤胆，为国、为民办了很多实事，其功高如山，其绩大如海。今日谢世离我等而去，我理应按一品官的礼仪为他举行安葬事宜。”百官皆道：“陛下圣明，理应如此。”但裴夫人上表辞谢说：“陛下，妾夫生前一向注重节俭朴素，从不浪费一针一线、一草一木，用一品的礼仪安葬，恐怕不符合他一贯坚持的‘凡婚丧之事，均应从简’的主张。臣妾请求陛下，还是改为二品的规格办吧。”太宗被深深地感动了，下了一道旨意，按二品礼仪改用白木车子、白布车帷送葬，免去了许多豪侈的场面和昂贵的殉葬物品。

次日早朝，徐茂公出班上奏：“启奏陛下，这是微臣在魏大人书房的几案上看到的，请陛下御览！”李世民接遗表在手，仔细观看，由于内心过于激动，他的手不由得抖动起来。他向文武百官读起来：“天下之事，有好有坏，选任良善之人，社稷则安定兴盛；误用妄劣之徒，国家则受害无穷。圣上对于大臣，感情上有喜有恶，对喜爱之人，只见其优；对厌恶之人，只见其劣，在爱憎之间，应当仔细审慎才是。如果喜欢他，又能看到他的缺点，厌恶他却能注重他的长处，就会毫不迟疑地去掉邪恶，毫无猜忌地任用贤能。这样，国家就可兴旺发达！”读罢，太宗不禁又长叹一声，说道：“魏卿遗表如此，但在朕思之，恐怕不免要有违背魏卿遗表的言行。如果这样，就请众位爱卿把朕的过错写在笏板上，务必要抗颜极谏。”

李世民命凡朝廷命官九品以上者，皆去送葬。即日起，罢朝五日。他自撰碑文，亲笔书石，以示纪念，并将魏徵陪葬于昭陵（太宗与长孙皇后合葬陵墓）。随后，太宗又赠魏徵为司空、相州都督，谥号文贞，并给羽葆鼓吹、班剑武士四十人，赠绢布一千段、米粟一千石，以安排丧事，又赐魏徵家九百户的租税，以示表彰和抚慰。退朝之时，李世民无限慨叹地对臣下说：“夫以铜为镜，可以正衣冠；以古为镜，可以知兴替；以人为镜，可以明得失。朕常保此镜，以防己过。今魏徵殂逝，遂亡一镜矣。”

送葬那日，新立太子李治率领徐茂公、程知节、房玄龄、长孙无忌等文武百官，皆着孝服，随在后边，掩面而泣。街道两旁，挤满了男女老幼，他们个个面带泪痕，或焚香，或烧纸，或顶礼膜拜，或默默地跟随灵车一同行进。长安古城沉浸在一片悲哀的气氛之中。

这时，李世民也身上戴孝，登上御苑西楼，悲伤地目送着远去的灵车，不禁低吟出一首悼念魏徵的诗：

阊阖总金鞍，上林移玉辇。
野郊怆新别，河桥非旧饯。
惨日映峰沉，愁云随盖转。
哀笳时断续，悲旌乍舒卷。
望望情何极，浪浪泪空泫。
无复昔时人，芳春共谁遣。

李世民吟罢，肃然伫立，目送灵车，直到在远方与茫茫的天地融合，消失不见。

魏徵作为唐初的一代名相，回顾他的一生，足见他是我国封建社会中少有的杰出政治家、卓越的思想家、优秀的文学家和著名的史学家。他为中华民族创建了历史伟绩，留下了宝贵的文化遗产。

魏徵的生活道路，十分崎岖而复杂。前半生，隐居乡里，孜孜求学，默默无闻；后半生，卷入隋末社会阶级斗争浪潮后，毅然决然地走出书斋，投笔从戎，加入农民起义的行列。他先后做过李密、窦建德等义军领袖的幕僚，企图建功立业，有所作为。但是，在历史转变关头，农民军失败了。魏徵无所归宿，自然地投入了封建统治者的怀抱，成为唐朝的积极拥护者。他从太子东宫的一个普通官员，逐渐为人们所重视，被提拔和信任，终于成为在唐初政局中举足轻重的一位宰相，古代封建社会中的杰出政治家。

这位政治家，不是贵族豪门出身，也不是在温室中成长起来的，而是身经隋朝社会的繁荣，目睹隋帝国的衰亡，在隋末唐初纷杂的环境中成长起来的。他奋不顾身，忠心耿耿，为唐朝国家效劳，直到与世长辞。

以魏徵、王珪为首的谏臣，出身地位较低，肯于接受隋亡的教训，正视现实，敢于直谏，具有一定的革新精神。他们主张恢复和发展社会经济，对广大农民群众施行一些缓和政策。魏徵奉公为国，效忠于唐王朝。他的正直言行，有时冒犯了皇帝的权威，刺伤了君王的痛处，以至于触怒唐太宗。魏徵所言，不是只图眼前，而是为了长远；魏徵所行，不是为了个人，而是为了黎民百姓。李世民说道，魏徵“每犯颜切谏，不许我为非，我所以重之”。

魏徵具有一个政治家的才能与特点。他眼光敏锐，头脑清醒，坚持原则，长于辩论，不与奸邪同流合污，敢于说出一般人所不敢说的话，敢于做出一般人所不敢做的事；高瞻远瞩，安不忘危，理不忘乱，敢于正视现实，善于总结经验教训。魏徵在“贞观之治”中所作的贡献，对唐朝国家的统一、社会的进步、百姓生活的某些改善，都具有一定的推动作用。

魏徵还是一位博通经史的著名学者。他的平生著述很多，主要有：《文集》二十卷、《时务策》五卷、《谏事》五卷、《隋靖列传》一卷、《类礼》二十卷、《祥瑞录》十卷、《祥应图》十卷、《励思节》四卷、《自古诸侯王善恶录》二卷、《周易义》六卷。此外，经他手主编的著作有：《梁书》五十六卷、《陈书》三十六卷、《周书》五十卷、《齐书》五十卷、《隋书》五十五卷、《群书治要》五十卷、《大唐仪礼》一百卷、《文思博要》一千二百卷。可惜其中大部分著作已失散，传留至今的仅有《群书治要》和《隋书》等几部历史著作了。

从现存的有关著述（包括奏疏）中，也可见到，魏徵学识渊博，造诣很深。他既熟悉儒家经典教条，又了解前代兴亡历史，在文学上也取得较高成就。特别值得提到的是，他的政论性文章写得很出色，文字简练，语言生动，材料丰富，论点明确，逻辑严谨，富有强烈的战斗气息。魏徵的许多著作立场坚定，具有鲜明的政治倾向性。比如《群书治要》《自古诸侯王善恶录》等书，都是为唐太宗及其儿子编纂的。魏徵从前代大量儒家经典中，搜集许多有关治国安邦的道理、经验和教训以及所谓“明王”“暗主”的言行事迹，希望皇室“以为鉴戒”，“临事不惑”。

魏徵的为人，坦白直爽，生活也较为节俭。他平素能够克制自己，同一般腐朽官僚有所不同，既不偏好声色犬马，也不喜欢铺张浪费，家中除收藏的许多图书外，没有多少财物。身为当朝宰相，仍能习惯于“素褥布被”，住普通房舍，甚至没有正厅。

魏徵“忧国如家，忠言正谏”的精神，廉洁奉公、生活俭朴的作风，正直不阿、敢于斗争的品德，给人们留下了极为深刻的印象。魏徵死后，太宗李世民非常悲痛，想念不止，时常到凌烟阁去看魏徵的画像，作诗追悼魏徵。太宗曾在诏书中写道：“以前，只有魏徵毫无保留地指出我的过错。自他死以后，我有过错也未能被人提示，难道说以前有过错，而现在完全没有了吗？这都是因为朝野群臣顺从苟安，不敢触犯威颜啊！”

魏徵辞世，享年六十四岁，他的离去对唐朝是一个无可补救的损失。李世民说：“今魏徵殂逝，遂亡一镜矣。”魏徵的确是唐初社会的一面镜子，这面镜子无情地照出当时的政治生活中落后、反动、腐朽和黑暗的死角，照出统治者骄横、跋扈、贪纵和放逸的形迹，使人们从中获得思想行动的启示。

魏徵，千古第一谏臣，流芳百世！

附 录

魏徵年谱

北周大象二年（580），1岁。魏徵出生于内黄，祖籍钜鹿下曲阳（今河北晋州）。杨坚称随王。

大业八年（612），33岁。魏徵出家为道士。

大业十三年（617），38岁。李渊于太原起兵，入长安。武阳郡丞元宝藏聘魏徵为典书记。元宝藏率部投瓦岗军，李密召魏徵为文学参军，掌记室。魏徵向李密条陈发展瓦岗军的十条计策，李密未采纳。

唐武德元年（618），39岁。宇文化及发动江都兵变，隋亡。李渊在长安即位，国号唐。九月，魏徵向李密元帅府长史郑颋建议，加强对王世充的防御，不要硬拼，郑颋不从，瓦岗军大败。十月，李密降唐，魏徵随之进入长安。十一月，魏徵自请出使安抚山东，唐高祖李渊任命他为秘书丞，批准他出使。至黎阴劝徐世勣降唐。

武德二年（619），40 岁。窦建德大败宇文化及。王世充于洛阳称帝。杜伏威降唐。正月，魏徵劝说元宝藏以魏州降唐。窦建德组织十万大军，南下黎阳，大败唐军，徐世勣、李神通和魏徵等人被俘。十月，窦建德任命魏徵为起居舍人，负责记录夏王窦建德的言行事迹，准备编写史书。

武德四年（621），42 岁。虎牢关大战，唐军大胜，窦建德被俘处死。五月，魏徵从窦建德军中回到长安，被任命为太子洗马。

武德五年（622），43 岁。刘黑闼起兵称王，李渊诸子矛盾激化，太子李建成请率军征刘黑闼。十一月，魏徵与王珪等劝太子李建成往讨刘黑闼，提高自己的威信，结纳地方势力。十二月，魏徵随军到河北，向李建成建议，释放刘黑闼军的俘虏，以分化刘军。

武德六年（623），44 岁。刘黑闼败亡，唐军得胜。正月，魏徵随太子李建成回到长安。

武德八年（625），46 岁。检校地方度量衡。

武德九年（626），47 岁。六月，玄武门之变，李世民杀太子李建成、齐王李元吉，李世民被立为太子。七月，李世民引魏徵为太子詹事主簿。八月，李世民即皇帝位，拜魏徵为谏议大夫，封钜鹿县男。魏徵出使山东，至磁州释放前太子侍卫官李志安、齐王府护军李思行二人。十二月，李世民多次召魏徵进入卧室，谈论国家大事，颇受重视，晋升尚书省右丞，与左丞戴胄执掌尚书省政务，更订刑律。同封德彝等人论“教化”，阻征中男服役。

贞观元年（627），48岁。更定律令，放宽刑罚，并省州县，裁减官吏，中央机构留文武总六百四十三员。诏令谏官随宰相入朝议事。九月，魏徵出使地方赈济灾民。十月，谏止出兵岭南讨伐冯盎，太宗从谏，岭表随安。有人告发魏徵包庇亲属，唐太宗命御史大夫温彦博按验，查无实据。

贞观二年（628），49岁。正月，魏徵论“兼听则明，偏信则暗”。二月，劝太宗勿自尊自崇。十月，返乡祭扫回京，唐太宗欲巡游终南山，畏魏徵嗔而止。

贞观三年（629），50岁。房玄龄、杜如晦为尚书省左、右仆射。李靖受命征伐突厥，突利可汗降唐。二月，魏徵任秘书监，参与朝政。召引学者校定四部书。受诏监修梁、陈、齐、周、隋史。治书御史告房玄龄考官不平，魏徵为之辩解。

贞观四年（630），51岁。唐军大败突厥，颉利可汗被俘。边疆各族上太宗尊号“天可汗”。四月，朝廷讨论如何安置突厥降部的问题，魏徵建议迁之故地，太宗没有采纳。六月，支持张玄素谏兴建洛阳宫。十二月，谏止西域各国遣使朝贡。太宗赞赏魏徵提出的偃武修文方针而使天下得到治理。

贞观五年（631），52岁。太宗修仁寿宫，更名九成宫，初令决死刑者，地方须三复奏，中央须五复奏。八月，魏徵谏御史权万纪滥劾朝臣。九月，魏徵总编《群书治要》成书。十月，唐太宗下令群臣讨论分封制度，魏徵持反对态度。十一月，魏徵谏止新罗所进美女。十二月，魏徵答辩治国之道——居安思危。

贞观六年（632），53岁。正月，群臣建议唐太宗举行“封禅”典礼，魏徵极力谏阻。三月，魏徵谏诤过激，唐太宗想要杀掉他，被长孙皇后劝阻。五月，魏徵检校侍中，晋爵钜鹿公。十二月，魏徵指陈唐太宗对节用民力、虚心纳谏不如贞观初年。

贞观七年（633），54岁。王珪罢相。戴胄死。正月，太宗宴请朝臣，演奏《七德舞》，魏徵俯首不视，以劝太宗偃武修文。三月，代王珪为侍中。处理尚书省滞讼不决案件受到赞扬。主编《自古诸侯王善恶录》成书。

贞观八年（634），55 岁。魏徵谏处罚皇甫德参以诽谤罪。谏止聘郑仁基女为充华。

贞观九年（635），56 岁。唐将李靖、侯君集大破吐谷浑。唐高祖李渊死，葬献陵。魏徵同唐太宗谈论周齐末代君主优劣。

贞观十年（636），57 岁。长孙皇后死，葬昭陵。正月，魏徵监修的梁、陈、齐、周、隋五代史修成。魏徵以修史功，进左光禄大夫、爵郑国公。魏徵以目疾求为散官。六月，以魏徵为特进，仍知门下省事。八月，谏责斥上疏臣僚。十二月，谏王子不得折辱大臣。

贞观十一年（637），58 岁。太宗以武则天为才人，于洛阳游猎不止。正月，魏徵上论政疏，谏止作飞山宫。二月，魏徵谏太宗以供应不周责显仁宫官司。三月，唐太宗宴洛阳宫西苑，泛积翠池，魏徵作诗约帝以礼。魏徵与房玄龄等订“五礼”成，封一子为县男。魏徵上《论时政疏》。四月，上第二疏，陈“十思”。五月，上第三疏，陈“居安思危”。七月，上第四疏，谏亲君子疏小人。八月，太宗不满上封事者或不切事理，魏徵认为上封事可取，于国无损有益。

贞观十二年（638），59 岁。太宗回长安，高士廉等编定《氏族志》。正月，魏徵谏三品以上大臣见诸王下马。三月，唐太宗论贞观前后房玄龄、魏徵之功，亲解佩刀以赐二人。魏徵谏太宗听谏不如贞观初年。

贞观十三年（639），60岁。太宗至九成宫。突厥阿史那结社率众作乱。魏徵上《十渐不克终疏》。

贞观十四年（640），61岁。唐灭高昌，置西州。五月，唐太宗以魏徵所撰《类礼》分赐太子、诸王。八月，魏徵谏于高昌设州县。十二月，魏徵上《论政道疏》，提醒太宗要克己自修；任用官吏不能从自己爱憎出发，要“审其能以任之”；对百姓要认清“载舟覆舟”的道理。魏徵上《谏格猛兽表》，提醒太宗以帝王之尊，注意保护自身安全，维护帝王形象。

贞观十五年（641），62岁。文成公主出嫁吐蕃松赞干布。太宗至襄城宫，遣使立西突厥沙钵罗叶护可汗。二月，魏徵论守天下之难。七月，魏徵谏止命使者历西域诸国市马。十月，魏徵与高士廉等合编《文思博要》成书。

贞观十六年（642），63岁。正月，魏徵上书谏魏王泰徙居武德殿。魏徵病重，太宗下令为他构筑正堂。九月，太宗命魏征为太子太师，以息群臣之疑论。

贞观十七年（643），64岁。太宗遣使问讯魏徵病况，赐以药饵、食物，相望于道。太宗废太子承乾为庶人，杀侯君集等，贬杜正伦官。正月十七日，魏徵辞世，太宗命陪葬昭陵，罢朝五日，九品以上官员吊唁。太宗亲撰碑文，并“自书于石”。太宗谓朕有三镜，以防己过，“今魏徵殂逝，遂亡一镜矣”。魏徵曾荐侯君集、杜正伦为宰相，有人借此大进谗言，太宗遂疑魏徵阿党，竟止衡山公主下嫁魏徵长子叔玉，仆碑。

贞观十九年（645），太宗御驾亲征高丽，损伤惨重。太宗至蒲沟，懊悔对外战争，谓：“魏徵若在，不使我有是行也！”复立碑。

后 记

经历一个漫长的酝酿期，当我开始着手写魏徵的时候，我已经抑制不住内心的汹涌澎湃。魏徵的直言敢言、能言善谏的谏臣风骨，革故鼎新、治国安邦的雄才大略，都彰显出千古第一谏臣高尚的道德情操和隽永的人格魅力。

此书的完成，首先要感谢此书编辑赵维宁，他轻言敦促，让我有不遗余力的动力。同时，感谢爱人刘维贵对我的鼓励，感谢女儿刘艺菲对我的大力支持，感谢学生王可、郑雨涵校订初稿。因为有你们伴随，我在写作的道路上不感到孤寂，倍感幸福。最后，感谢一下自己，为了心中的目标，心无旁骛，终成此书，向辛勤努力的自己致敬！

由于笔者水平有限，书中有不当之处，敬请读者批评指正！